THE YOUNG HEART

对话少年 【第一季】

李少乙——编著

中国国际广播出版社

图书在版编目（CIP）数据

对话少年 . 第一季 / 李少乙编著 . -- 北京：中国国际广播出版社，2022.5

ISBN 978-7-5078-5136-6

Ⅰ . ①对… Ⅱ . ①李… Ⅲ . ①青春期－家庭教育Ⅳ . ① G782

中国版本图书馆 CIP 数据核字 (2022) 第 080942 号

对话少年 . 第一季

编　　著	李少乙	
责任编辑	张晓梅	
校　　对	吴光利	
装帧设计	人文在线	

出版发行	中国国际广播出版社有限公司 ［010-89508207（传真）］
社　　址	北京市丰台区榴乡路 88 号石榴中心 2 号楼 1701
	邮编：100079
印　　刷	廊坊市海涛印刷有限公司

开　　本	710×1000　1/16
字　　数	200 千字
印　　张	15
版　　次	2022 年 5 月 北京第一版
印　　次	2022 年 5 月 第一次印刷
定　　价	68.00 元

序

听听我们少年的心声

作为 2000 年后出生的一代人，我们会被贴上"00 后"的标签。在神墨内部，我也和很多神墨校长们的孩子一样，被称为"新生代"，甚至被调侃为"神二代"。确实，我们这一代人从一出生便处于一个科技高度发达、信息爆炸和全球化发展的时代，我们的生活环境迥异于我们的父母，甚至与 90 后也有很大的不同。因此我们的生活方式和内心世界也有了自己的特点，我们有自己的想法和追求。

2021 年，新冠肺炎疫情深刻影响了我们的方方面面。一个特别的机缘，我有机会与几十位来自全国各地的神墨校长在线上围绕一些大家感兴趣的话题进行对话交流，这些话题包括网络游戏、青春期心理、父母模式对孩子的影响、作为留学生的心理体验、对兴趣与人生目标的思考、国外旅行看世界的感受、对父母批评呵斥的感受等。参与对话交流的校长们都是有智慧的长者，是孩子们的父母，与他们的交流对我而言是对话，更是倾听；是表达心声，更是学习思考，在这个过程中我收获了很多。

这本书便是根据我们 2021 年 6 月至 2022 年 1 月期间八次线上主题对话的内容整理而成，书中呈现的基本是对话内容的完整记录，希望能够对父母、教育工作者和青少年有所启发。现在回过头来看，我的有些表达难免会有局限，但在人生的这个阶段，能以这种方式记录自己真实的内心状态，对我而言，确实是件很开心也很有意义的事情，感谢所有参加对话交流的神墨校长们。

借此机会，我也要特别感谢我的父亲李绵军先生。他不仅促成和参与了此次对话交流，也在我成长的这个阶段给了我充满智慧和无微不至的指导、帮助，未来的自己唯有更加努力。

李少乙

2022 年 4 月 30 日

目　录

现在，网络游戏已走进我们的生活，当代年轻人已经成为电子游戏的主流消费群体，尤其是青少年的课余时间可以自由支配，接受能力较强，故成了电子游戏的一大受众群体。但家长对电游的恐惧与日俱增，在他们看来，游戏是很深的无底洞，侵蚀着他们的孩子。其实运用得当，游戏是有效的减压方式，可以调节紧绷的神经，缓解疲劳。要想避免青少年沉迷于网络游戏中，最主要的是家长要关心孩子、了解孩子，能够有耐心和孩子沟通生活中遇到的各种问题。

第一期　少年之网游世界

李绵军校长：

各位校长，新生代同学们，大家好！今天我们开展一个对话，这个对话是关于孩子们内在心声的话题。

前一段时间我给大家语音留言，谈到了处于青春期的孩子或者比青春期再小一点儿的孩子，家长和社会关注非常多、非常令人头痛的怎样教育孩子的问题。对于孩子青春期的问题或者亲子教育问题，家长们发表了很多观点与态度，很多专家也在讨论这个话题。但是我几乎看不到从孩子角度发出的声音，这些青春期的孩子怎么想的呢？他们心里在思考什么？我们看不到。还有12岁以下的小朋友也没有向社会发声，那让我们来谈一谈他们内心世界是什么样的。

前段时间我和李少乙散步时说过，这是一个社会痛点。既然社会有需要，我们就可以在这方面做出尝试与探索，既解决了我们自己的问题，也为社会做出了贡献，这是非常有意义、有价值的活动。我和李少乙沟通，我说："少乙，我可以组织一些校长，你可以与大家对话，表达你的意见，做这样的体验，我们也可以积极探索这方面的内容"，于是就促成了今天这个对话活动。

下面由少乙开始与大家对话，少乙也邀请了虎博作为嘉宾，协助解答各位家长的问题。今天晚上的主题是孩子玩网络游戏。对于游戏，他们内心世界是怎么样的？他们是怎么看待这个问题的？家长总是担心孩子多玩游戏，耽误学习，是不是沉迷游戏。但是孩子的内心世界到底是什么呢？游戏到底是什么？真正的游戏是什么？我想我们或许在这里有很多误区，有很多不应该有的担忧，但相信通过对话，我们就可以增进彼此的了解。今天找了6位家长，这6位家长家中都有男孩子并且都处在青春期，他们很关注这个问题。

下面就请李少乙先和大家谈一谈，之后再与6位家长互动。

李少乙：

感谢大家今天能抽出时间参与我和李绵军校长组织的对话活动，想必各位校长和嘉宾大多数都认识我，通过之前一些新生代对话活动，可能有些人和我见过面。我先对一些不了解我的校长或者嘉宾做一个自我介绍。

我叫李少乙，出生于北京，在北京读到小学五年级，之后去了美国读书，相当于六年级开始就到美国读书了。直到2020年因为新冠肺炎疫情，我从美国回到中国，在国内上了一年网课，今年决定在国内找一所国际学校继续学习，这大概是我的求学经历。

我今年16岁，今天的对话主题是网络游戏，也称为电子竞技。我大概从六年级开始接触网络游戏，因为那时网络游戏比较火，大家都在玩，有些游戏也很火、很流行，就与我们现在看的一些电视剧一样，班里同学都在玩网络游戏。

我先介绍一下游戏，游戏大致分为两类：第一类是单机游戏，第二类是联机游戏。第一种单机游戏很好理解，相当于闯关游戏一样，大家平常见到的《地铁跑酷》《植物大战僵尸》等，都属于单机闯关类游戏。第二种联机游戏，就像我们玩的《和平精英》《王者荣耀》《英雄联盟》等。很多玩家可以同场竞技，就叫联机游戏。

现在比较火的大多数都是联机游戏，大家可以叫上同学、朋友一起玩，没事的时候玩一玩，很放松，也能增进朋友之间的感情。

我介绍得差不多了，想必大家会对男生打游戏或者青春期男孩打游戏有很多问题。接下来我想把时间交给校长和老师们，如果有什么问题可以向我提问。

李绵军校长：

咱们就由6位校长每人提1到3个问题，每期对话时间控制在一个半小时，如果有空余时间就多提问，如果还有问题没问完，以后可以根据大家的需要，定期进行这样的对话。下面咱们就请刘学校长先开始。

刘学校长：

少乙你好。刚才你简单把游戏介绍了一下，我回想自己接触游戏是在有了电脑之后。那时我在单位上班，游戏是单机版射击类的，我玩了一段时间特别上瘾，后来发现一个问题，我的眼睛不适应，得了干眼症。之后我就不打游戏了，这是我对于游戏的经历。

我儿子今年上初一，他平时特别喜欢打游戏，玩《王者荣耀》。我有时问他，我说你玩的什么游戏？他告诉我偶尔玩《和平精英》，但玩《王者荣耀》的时候比较多。

他一个月回家休息五六天，放假第一天，我认为他在学校里也挺枯燥的，就想让他玩会儿，也就没有管他，告诉他玩游戏后早点休息，他答应得挺好。夜里我突然醒来，凌晨4：30，开门看看他有没有睡觉，结果他还在玩，我当时就有点生气，告诉他太晚睡觉对身体不好，之后他把手机给了我。

他学习成绩不好，在班里属于中下的，回家后手机不离手，一直玩游戏。我们就老催他，让他把作业先完成，并且告诉他不完成作业不能打游戏。

我和他妈妈对于他打游戏这件事还是有些抵触情绪的，因为我们认为应该先把作业做完，作业是正事，学习是正事。游戏就和娱乐一样，偶尔娱乐一下就可以了。如果沉迷于这些游戏，是不是耽误学习？我和他妈妈最大的担心是打游戏影响学业，我们认为打游戏是不务正业。

因为我与李绵军校长年龄也差不多，都是70后，从小我们受到的教育是一样的，像打牌、下象棋等是不允许的。偶尔玩一下可以，如果经常玩的话，父母会斥责，认为是不务正业，包括睡懒觉也是不允许的。现在我早上睡个懒觉，起来之后仍有一种负罪感。

在我和他妈妈的观念里，打游戏可以偶尔娱乐，因为现在孩子都玩，我们也不十分反对，但是不把作业等各方面做好、完成，而是整天沉迷游戏之中，是不是会耽误学习？这是我第一个担心的问题。

我认为沉迷游戏对身体，尤其是眼睛的伤害很大。晚上不睡觉对眼睛影响非常严重，本来他就是近视，视力一直不好，结果最近检测度数又增加了。沉迷游戏对身体不好，这是我第二个担心的问题。

看到很多网上报道，很多孩子沉迷于网络游戏不能自拔，深陷其中导致什么事也做不了，这是我第三个担心的问题。

以上这些就是我对于游戏目前的观点和态度，所以需要你来解析一下，我这些担心是多余的还是正常的。

李少乙：

我先回答第一个问题，关于小孩儿打游戏上瘾，不好好学习该怎么办？

刘学校长的观念很正确，就是学习比娱乐活动更重要，优先级更高，这个观点完全没有问题，毋庸置疑，是正确的。但对于反对小孩儿打游戏，打游戏会导致上瘾这个问题，刘学校长可以听听我的建议。

第一，我认为刘学校长需要改变一下观念，因为你家小孩儿每月有五六天回到家里休息，其实休息的时间很少，一周只能休息一两天。他在学校里应该是不能接触手机，不能玩手机，一直在没有电子产品的状态下学习。我应该没有说错，这也是当代初中生、高中生的生活环境。而在学习累了以后，大家自然而然都觉得需要放松一下。回到家里，他也没有什么事情可以做，之前整天待在学校里很无聊，到家里能玩的也就只有手机了。所以他很可能会想拿着游戏和自己同学一起玩，因为大家都放假了，可以一起玩。我相信如果是他自己一个人玩，估计不会上瘾。

他玩的游戏叫《王者荣耀》，我玩得也很多，这是一个联机游戏，可以一个人玩，也可以组队玩。如果一个人玩，我认为没有什么意义，最多也就玩两个小时，就没有意思了；但是和一些好朋友组队一起玩，还是蛮有意思的。因为游戏中需要团队配合，能增进友谊，也能起到一定的娱乐效果。所以打游戏不是不对。他之所以会关注打游戏，可能他很喜欢和自己同学一起玩的感受，在玩的时候那个感觉非常爽，因为平时待在学校里没法和同学一起玩。

我觉得可以给刘学校长几个建议。刚听您说家里的小孩儿一直玩到凌晨 4 点多钟，那肯定是不好的，极度影响身体健康，导致睡眠不足，也会导致学习下滑，这肯定不好。

我认为刘学校长回到家之后，可以和孩子商量，打游戏可以，但我们要定一个制度，我知道你从学校回到家里非常累，需要有一个这样的娱乐方式来缓冲自己的学习压力，这是没有问题的。

有些人选择缓解压力的方法是打游戏，有些人是打篮球、踢足球，有些人可能就是看电影，还有些人是和朋友在外面一起玩，去逛街，这都是减轻压力的方法。如果我每天都去逛街，每天都去看电影，这也是上瘾，这和打游戏是一个概念，只是方式不同而已。

所以刘学校长不要太担心小孩儿玩游戏会上瘾，因为游戏玩多了，他自己就感觉这件事情很无聊。刘学老师可以回家和自己的孩子好好讲一讲，不要用特别严厉的方式和他讲。因为有时候你越严厉，他越不听，我是能深刻感受到这一点的。因为之前李校长在家里做一些管理电子设备的制度，我能很明确地感受到，这种方式是令人很不舒服的，我很不舒服，感到很难受，就很讨厌这种严格管理的方式。

所以希望刘学校长回家用心平气和的态度对孩子讲，玩游戏可以，需要先完成作业，在学习和作业保质保量完成的情况下，可以玩游戏放松，没有任何问题。

我认为找个事情做也是很不错的，总比他每天待在家发呆强。如果你把手机拿走了，他没有事可做，就更无聊了。他可能就会想出一些歪主意。有可能我说得夸张一点儿，他就偷东西、杀人放火去了。他没事做，所以就想找事做，找什么事做，我不知道，但是肯定不是一件好事情。

第二，是关于身体健康、眼睛受损的问题。因为我今年在家里上网课，白天没什么事情，很可能会睡到中午才起来，也打了很多游戏。我也很喜欢打游戏，每天玩很久，但是玩久了我就会发现，确实我的身体也会很累，一开始是没有感觉的，但经过长时间打游戏，就像接受训练一样，会感觉身体跟不上，需要出去走一走，呼吸呼吸新鲜空气。

我认为对于眼睛近视的担心是有道理的。但他玩的时间也不长，偶尔回家玩一两次，控制一下时间，他玩久了可能也就累了，需要在外面走一走。这是我对眼睛、身体健康这一方面的感受。因为我今年也是打了很多游戏，我能感受到，游戏不是说玩就一直很轻松，玩久了真的很累，腰又酸，眼睛又疼，脖子也酸，需要出去走一走，放松一下。

我认为刘学校长应该和孩子讲，告诉他游戏如果玩久了，可能会导致身体不适。

第三个问题，我忘了是什么，请刘学校长重新给我讲一下。

刘学校长：

第三个问题，我看到很多报道，很多有网瘾的孩子，沉迷于游戏，最后成了一种病态，不能正常地工作和学习。这样的报道看多了之后，我和他妈妈也有这方面的担忧，我们这种担心是正常还是有点多余？

李少乙：

对于这方面是有点影响身心健康。我可以明确地和你说，打游戏其实不像有些家长说的，绝对不能玩，一玩就上瘾，很不好。

我可以举个例子，打游戏就像打篮球。我想大家应该都打过篮球或者看过篮球比赛。你家孩子玩的游戏叫《王者荣耀》，是5个人对阵另外5个人的公平竞技游戏，我们这边5个人打你那边5个人，谁把对面的水晶推掉谁就赢。这就很像我们打篮球，打篮球也是每个队都是5个人，谁得的分最高谁就赢。

其实游戏和篮球本质上是一样的，讲究团队配合，讲究战术讨论，大家需要把战术策划好。比如说打篮球，把这个球传给谁，你给我做个挡拆，我切进去，然后你负责抢篮板，我负责投三分，这是篮球战术。换作《王者荣耀》，我当ADC，你打补助，你跟着我，你保护我发育，后期我装备起来 carry 全场。一个是电子竞技，一个是体育竞技，没有任何区别。

打篮球也有那些打上瘾的，那么家长会担心吗？所以我认为这件事情可以正面地想，打游戏其实不是一件坏事。如果说你儿子特别喜欢打篮球，你会认为这是一件坏事吗？你会认为打篮球锻炼身体挺好的。刘学校长要往好的方面去想，不要整天想着打游戏就是一件坏事情，就是负能量。其实打游戏也有正能量的方面，只是需要孩子开发正能量，让他们感受到这个游戏能带给他们什么？我希望刘学老师也能了解一下游戏能为孩子带来什么，是不是能带来一些正能量的东西，不要老找游戏的负能量。

刘学老师这个担忧是好的，但是我希望更多的是把担忧转化为关心，关心孩子，看看孩子打游戏到底对他们的影响是什么，改变了什么。这就是我今天给刘学老师的一个回答，不知道刘学老师还有没有其他的问题。

刘学校长：

少乙讲得特别好。我这个孩子也是喜欢打篮球，他在学校里的特长就是篮球。今天下午他和我说他的篮球技术突飞猛进，我说："行，你有这个自信还是挺好的。"我认为可能游戏里边学问很深，今天晚上我吃完饭出去走走，正好看到"此念"里面有一个李老师介绍关于游戏的事，他提到实际上游戏里面有很多学问。作为我们家长来说，可能仅仅就看到了一些表面现象，没有深入了解游戏里面到底有什么，刚才你讲的包括团队协作，我想特别是对他打篮球，可能有些帮助。

我们可能还带着一些过往观念来评判你们这一代孩子做的一些事情，可能是从小接受的教育、时代背景各方面不一样造成的。我认为今天你讲了后，我对这件事也有了一些全新的认识。我一直也有个想法，我也想之后玩一玩，想知道玩游戏为什么这么让人上瘾。但是后来想想太累，如果真要这么玩，玩上瘾对我的眼睛伤害太大，后来就没有想接触了。今天你讲了，我认为对于玩游戏会更多一些理解和包容。

再者，对于孩子教育，你也给了我一些方法。因为关于这次对话早就下了通知，当时说了之后，我也想对孩子包容一些，所以这次他放假回来之后，我就开放心态让他玩。结果没想到他玩了一个晚上，之后我态度就转变了，我认为就得要求他，说了不听的时候，规矩就要立起来了，我口气也比较严厉，就是用权威去压着。我分析了一下，他今年还不到14周岁，刚进入青春期，总体他对我们还是可以的，不是说都是叛逆的。有时候我也会多和他沟通、聊聊天、说说话，他对我们还是敞开心扉的。

今天你讲了之后，我对于游戏这方面、对于教育方式有了更多的认识，我们作为家长应该进行一些自我调整，对孩子多一些理解和包容。当然我认为规矩也必须有，否则之后对身体等各方面也是有些影响。

李少乙：

刘学校长应该把心态放平，要有一个正向的观念看待这件事情，也要以温和的态度看待这件事情。

李绵军校长：

你们的对话非常精彩，实际上对于游戏，我们大人没玩过，很多东西不太了解。记得2010年我第一次去美国，当时是到了郑为民教授家里，他儿子那时候十五六岁，在他们家客厅的电视上玩游戏。当时我就问郑教授爱人，她说孩子都在联网玩，可以建立友谊。那次给我启发很大，实际上美国教育孩子相对比较开放，要通过玩游戏来建立感情。

原来少元最早玩游戏的时候，柏老师也不太让玩，但后来我们也让他玩了。因为他的同学都一起玩游戏，如果他不玩的话，到了学校，大家讨论的话题他都不知道。如果其他孩子都玩游戏，咱们自己的孩子不玩，他到了学校不就成另类了。这就是这个时代的特点，现在的孩子就有这个特点。就像我们小时候下棋、打球、踢毽子，实际上是一个道理，现在的孩子玩的是电子游戏。

当然游戏也得要管控，要合理并能正确地引导。小时候我们玩，家长也管控我们，也在合理、正确地引导我们。有时候家长越放开的时候，孩子玩够了，他就不想玩了；我们越是控制，孩子就越上瘾。所以加强疏导、沟通对话，我认为这样的方式更好。

还有我听少乙讲，游戏也成了亚运会一个竞技项目，就像珠算比赛一样，成了亚运会的比赛项目。所以说游戏并不是单纯地玩，它的存在也是有价值的。

另外，玩游戏讲究配合，实际上，配合不仅是在游戏里，我们做商业也讲究配合，做企业也是游戏，办学校也是游戏。所以确实像少乙讲的，游戏里面有它的正面价值，包括他坚持玩游戏，攻坚克难，一关一关通关，也是锻炼意志力，所以也有它正面的意义。

当然我们要和孩子进行合理沟通，告诉孩子玩多了也不行，要多方面看问题，我们下一步和少乙要多做这样的对话，让大家对游戏有彻底的了解，谈开了就更好了。刘校长刚才的提问，少乙的回答都特别精彩。下面咱们就邀请李凤琴校长提问。

李凤琴校长：

李校长晚上好，少乙晚上好。

我想说的是，对于我的孩子李金诚玩游戏，就像刚才刘学校长说的一样，尤其是我对游戏更是一窍不通。我是一个没有打过牌，也不打麻将，可以说对竞技游戏活动参与非常少、了解也非常少的人。

所以我对游戏的了解大部分都是一些负面信息，认为玩游戏不好，对孩子影响不好。对我来说，我知道的就是这样。但是对于李金诚，在从小对他玩游戏的问题上，他爸比较宽容，没有给予孩子太过分的控制，而且在他还在上小学的时候，他爸就给他买了台电脑。

他爸爸对玩游戏的认识，就像刚才李校长说的一样，这个时代大家都在玩，如果不让孩子玩的话，他的好奇心反而更重，对游戏更加沉迷，所以就让他了解一些。在这件事上，我们家是相对开放的。

但是我和他爸爸对于玩游戏可以说是一窍不通。他爸爸是 60 后，我是 70 后，李金诚是 00 后，我们家庭氛围更是那种传统家庭，他爸爸在家庭中还是比较严谨的，没有更多的游戏活动。

对于李金诚来说，在游戏上我们家长与他沟通非常少，因为我也不懂，所以沟通特别少。他玩游戏玩的具体是什么我不清楚，应该是有《王者荣耀》，其他的我就不知道了。

对于我准备的问题，刘学校长大概也提到了，我还是想问一下，对于孩子玩游戏来说，家长很难把握这个度，支持他又怕他沉迷进去。

因为我家有这么一个案例，我侄子，就是我老公弟弟家的孩子，当然他现在已经 30 多岁参加工作了，他大学期间对游戏很痴迷，可以说经常熬夜玩游戏，对身体也造成了很大的损害，导致他大学学业完成得很不好。由于身边有这个案例，我就很害怕，我很担心他沉迷游戏，属于不支持也不行，支持就会担心，这是我的第一个问题。

第二个问题，我有一种感受，当李金诚放假在家里的时候，我叫他或者有什么事情找他，看到他很着迷玩游戏的样子，我是很有情绪的。我会认为你玩游戏时那么认真，做其他事情时就没有，这个时候我们两个是有小冲突的。对于这种情况，我应该如何调整？就这两个问题。

李少乙：

第一个问题，刚才举的例子，自己家里的侄子，打游戏走向了一个歧途。

我可以这么说，现在打游戏，刚才李校长也提了，已经成为亚运会参赛项目了，现在不叫打游戏比赛，有个专业的名词叫作电子竞技，是在网络上进行 PK，进行团队竞技，也有电子竞技精神，叫作永不言弃。你的儿子玩游戏、看这种职业比赛，他就会知道永不言弃，这是一种职业精神。

刚才你讲到了，说你的小孩李金诚打游戏时很认真，和他说什么他都不愿意听，他是为什么不愿意听？因为打游戏确实需要全神贯注，就和我们打算盘是一样的。如果你不全神贯注，打到一半，做题算到一半时倒垃圾去了，你再坐回来，那状态是不一样的。打游戏也讲状态，状态好的时候一直连胜；状态不好的时候，那就一直输。

这和打算盘一样，你状态好的时候，算盘打得非常顺畅；有时候状态不好，你累了，头脑不清醒或者有些情绪，就会导致你打算盘的时候很不认真。我的切身体会是：当我打游戏的时候，尤其是打团队竞技被人打扰的时候，我是很不开心的，而且很烦躁。举个例子，就像你们工作开会的时候，你的孩子突然进来，把你的电脑或开会的软件关了，这个本质上是一样的。

我打游戏的时候非常认真，我希望取得团队的胜利，团队精神是永不言弃。如果我在打游戏的时候，突然一个人进来说："你别打了，下去给我倒垃圾。"这个时候，我的感觉、情绪会是什么样子呢？而且很多家长喜欢强制性停止，直接把网线给拔掉，或者说把手机、iPad、电脑直接给抢走，我认为这是不正确的。这样给孩子树立了不正确的价值观，告诉孩子做什么事情都可以暂停，但是有些事情是暂停不了的。李凤琴老师可以帮孩子树立一个正确的价值观，你可以等他打完了之后再和他说，尤其是他打游戏打赢了时，他的心情会很好。比如你开会主持得很成功，大家都在夸赞你，你的心情很好。那个时候小孩儿问你要点儿零花钱，你大部分时候会给，因为当时心情很好。我们换一个角度，如果说孩子正在打游戏的时候，你突然进来拔掉他的网线，然后导致他输了，他一天都不开心。

刚才我也讲了，开会的时候你的网线突然被拔或退出软件了，轮到你发言了没发言，领导知道了，把你大骂一顿，这个时候小孩儿再问你要零花钱你会同意吗？你是不会同意的，这本质上是一个道理。你进来影响他打游戏了，然后和他说下去倒垃圾，导致他游戏输了，他会火冒三丈，那就不可能再给你做任何事情了。

所以我认为李凤琴老师应该正确地看待这件事情。电子竞技有它内在的一些正能量的东西。我希望李凤琴老师以后调整一下心态，当你看到自己儿子很用心、很认真打游戏的时候，可以想一想，当自己很认真工作的时候是个什么样子，然后等他结束了再和他说。

李凤琴校长：

通过一开始咱们会议这几个问题解答下来，就是我们互动以后，改变了我对游戏的认知，原来我对玩游戏的认知可以说全是负面的，玩游戏对孩子全都是不好的影响，比如对身体、学习的影响等。

我还有一个问题想问一下，比如我和孩子有时候也互动，他玩游戏的时候也会问一些问题，平时玩一些什么游戏，他说他不会电脑游戏，大部分都是用手机玩游戏。

我想问一下手机玩游戏和电脑玩游戏，有什么不一样的？

李少乙：

我喜欢用手机打游戏，我一般都是用 iPad 打游戏，就是动手指，三指四指，甚至有时候会用五指。大家可能听不懂专业名词，我就大概讲一下。

大家可以想象自己拿着手机，把它横过来，我们一般是两只大拇指在触摸屏幕，三指就相当于把你的右手食指也放在屏幕上，形成了一个三角形；四指就相当于把另外一个食指也拿上来；五指相当于你大拇指加上食指加上右手中指。这是一个很实用的打游戏的技巧。一般我都用手机和iPad，所以我对这方面是比较了解的。但是对于电脑我不是很了解，但是今天我们很荣幸地请到了孙虎博，他经常喜欢用电脑打游戏，他比较喜欢玩《英雄联盟》，有点类似于手机上的《王者荣耀》。所以今天我想请孙虎博同学给我们讲一讲电脑游戏和手机游戏的区别。

孙虎博：

我先讲一下为什么有的人喜欢用手机玩游戏，有的人喜欢用电脑玩游戏。第一个原因是时代造成的。因为我小时候手机游戏是特别不成熟的，基本上手机上面的游戏都是那种小游戏，没有什么大游戏。电脑上面就会有腾讯做的一些大游戏，我肯定是愿意玩大游戏的，因为大游戏的故事情节、人物都会更丰满一些，所以我开始就很喜欢用电脑玩。一直到初中、高中，我都是喜欢玩电脑游戏，我有用电脑玩游戏的情结。

那为什么又有一部分人喜欢用手机玩游戏，就像少乙，喜欢用手机玩游戏呢？我认为也是时代造成的。少乙他们一开始接触的都是手机游戏，手机游戏也经历过大的改革，以前手机上是没有《王者荣耀》这类游戏的，然后慢慢地一些公司通过手机做出来一些可以媲美电脑上的游戏。做出来之后，有的人就会觉得用电脑玩游戏很麻烦，得固定地坐在那里玩，玩手机游戏和玩电脑游戏效果是一样的，用手机玩还方便一点儿，想关就关，想开就开。所以我认为第一个肯定是时代造成的。每个时代的科学技术是不一样的，所以有的人喜欢用电脑玩，有的人喜欢用手机玩。

然后对我自己个人来说，我用手机玩游戏没有用电脑玩游戏的操作感。包括手机上面的游戏，其内存大概只占了几个 G，六七个 G 是最大的手机游戏了。电脑上的游戏，大的就是几百个 G，你可以想象游戏做得有多大，做得有多精美，所以真正的游戏行家都会玩那种游戏，玩的都是一些电脑游戏，包括 PS4 之类的大型游戏。

所以，我认为这是时代的不同造成的。

李少乙：

好的，感谢虎博刚才的分享。刚才李凤琴老师还问了，手机和电脑游戏哪个上瘾程度更大。其实这有点类似于我们打牌和打麻将，一类人喜欢打牌，另外一类人喜欢打麻将，这两类人哪类人痴迷程度更高，其实是没法比的，本性不一样，因为一种是拿牌这样扔出去、甩出去，打出气势，一种是需要脑子不停地思考。虽然它们本质上是一样的，但是方法和技巧是不一样的。

如果热爱这个游戏，你会为玩这个游戏做出什么样的改变？比如，有些人玩手机游戏通常都是两个大拇指二次操作，但是他如果真想变得厉害，就要改变，加上食指、三指，这样操作起来更流畅。他如果打久了，发现三指还不够强，再加个四指，就是这样玩，所以还是要看对玩游戏热爱的程度。

所以，我认为两者是没有可比性的，上瘾程度也没有什么可比性，大家可以参考一下刚才举的打麻将和打牌的例子。我不知道刚才的回答是否正确，希望李凤琴老师给出建议。

李凤琴校长：

很好，少乙，你和虎博分享得非常好。我是这样认为的，原来对孩子这种不支持，还有反对，包括家长的焦虑、担心，通过你们两位的分享，我认识到自己对游戏的不了解，认知停留在表面，甚至是片面。在孩子玩游戏的过程中，家长和孩子有一些冲突，是因为家长对游戏的好处是不知道的。

李少乙：

我认为大家可以换位思考一下，我不知道你打不打牌，像你们这个年代的山东人，像我爸爸他们都很喜欢打扑克牌。我不知道你打不打扑克，估计你也见过，我听我爸和我妈讲，他们会在宿舍里面通宵打扑克。

如果搬到现在来，李金诚知道自己的爸爸妈妈每天通宵打扑克牌，他也会很不高兴。他可能会对你们发火，责问你们一天天地不好好工作，打牌做什么。因为这种不了解，他不了解你为什么打牌、打牌的意义，可能觉得你们打牌就是浪费时间；但是你们可能会觉得打牌可以促进同事之间的感情，让大脑思维更灵活，能想象到对面要出什么，增强自己的计算能力。

所以我认为两个没有任何的可比性。大人玩游戏和小孩儿玩的游戏不一样，时代的不同，使我们两代人玩的东西不一样，热爱的东西不一样。大概就是这样子，今天基本上就谈这么多，不知道李凤琴老师还有什么想问的。

李凤琴校长：

没有了。

李绵军校长：

谈得非常好。你们在对话的时候，感觉少乙和虎博讲起来，就像神墨的校长在校长会议上谈办学经验，讲得非常流畅，而且都非常有心得。我认为孩子玩游戏和神墨的校长办学一样，实际上办学是游戏，商业是游戏，农业也是游戏，人生本身也是游戏。我们确实需要理解这些孩子，游戏确实有正面的意义。

我们原来说起游戏就认为是沉迷游戏，以后应该换一换思路，从正面来看，孩子在游戏当中获得了快乐，孩子热爱游戏，得到了放松，我们从正面去想，给我们就带来了正能量。

少乙刚才说得特别正确。我和柏老师刚认识的时候就一起打牌，当时我们都单身，在临沂供销学校宿舍经常打通宵，柏老师打牌也是高手，非常厉害，那时候她就能猜中我的心思，我出什么牌她都能知道。包括过年的时候，我们经常在老家里打通宵，实际上我和柏老师从认识到刚结婚那几年经常打通宵。

像刘学校长说孩子有时候玩到 4 点多，咱们打牌的时候经常玩到凌晨甚至通宵。从这个角度来讲，有时候孩子偶尔有这么一次，特别像刘学校长的孩子，如果放假五六天，第二天他晚睡，玩一下也没啥。所以从这个角度考虑，我们就能够理解孩子。

我为什么想让少乙谈谈游戏？他在玩游戏的过程中也是有智慧的，也是有心得的。所以他说他在玩的过程中，就像我打算盘有很多的领悟一样，他玩游戏也有领悟，也有智慧。

如果把这些玩游戏的过程转化成智慧，那也算是一种学习方式，就像咱们办学，"事上练"之后还要"心上觉"。"事上练"是为了觉知智慧，所以我们也要鼓励孩子在玩游戏之后来表达、去领悟，非常有意义。

对李少乙他们来讲，我认为也是一种"心上觉"，贡献了智慧，帮助今天在听的家长减轻了焦虑，你们两个都是功德无量，帮助疏导家长的心理，意义非常大。刚才与两位校长的对话就已经非常精彩了，给大家很大的启发。

下面我们请张喜兰校长。

张喜兰校长：

大家好！我是朱登峰的妈妈，朱登峰今年18岁，已经读高三了。其实对于玩游戏这件事情，我是理解的。就像刚才李校长说的，孩子玩游戏也可以从中得到一些快乐，释放压力。所以有时候，他在家里当着我们的面玩游戏，我也没有特别反对，也没有特别批评他，我理解他想释放一下压力。

因为我本身对游戏也不是特别了解，所以我想问少乙几个问题。玩游戏多长时间算是上瘾？每天玩多长时间算是正常？他现在在读高三，基本上都住校。他偶尔放假回来玩游戏，我是可以理解的，最近他马上就要面临放假，这样就不好管控了。像他姐姐朱育莹成长的年代，智能手机还不是特别流行，而且她是女孩子，对玩游戏不是特别有兴趣。我和朱育莹也沟通交流过，她说朱登峰玩游戏挺正常的，这是第一个问题。

第二个问题是沉迷游戏，确实有很多的孩子会沉迷游戏。孩子沉迷游戏的原因是什么？游戏到底满足了孩子什么样的心理需求？或者未来会有什么东西能够取代游戏吗？因为它和体育锻炼还是有一点儿不同的，游戏玩多了对身体有伤害，体育锻炼玩多了可能就是累一点儿，但是体育锻炼负面的影响不多，这是第二个问题。

第三个问题，少乙，你是如何规划玩游戏与学业时间管理这种关系的？

李少乙：

第一个问题，关于游戏多长时间才算上瘾，其实问这个问题，我也无法告诉你一个准确的数据，比如每天玩三个小时就算上瘾，这个是无法明确的，要通过每个人的不同情况来做决定。举个例子，柏斌大家都认识，他很喜欢玩《和平精英》，这个游戏不知道大家接没接触过，是一个射击类团队竞技，就是小队，组 4 个人的小队，然后打别的小队。他当时玩这个游戏的时候，基本上一个人是不怎么玩的，我把他叫上，我把虎博也叫上，我们三个人一起玩。尤其是在美国的那段时间。我们玩的时间也不短，当时一天都玩三个小时，但是柏斌他做得很好，他没有在游戏上上瘾，因为他玩就是为了娱乐，就是让我看到他打枪打不准的时候和他笑场，让我开心，他玩游戏的时候纯粹就是为了开心快乐，和我一起开心快乐，这是他打游戏的一个目的。

他是每天陪我玩三四个小时，你说他上瘾了吗？他并没有。其实真正的上瘾应该怎么说？可能就到了一个过度的热爱，导致无法自拔。比如说每天只打游戏，而且连续长时间，尤其是在有事情做的时候仍然选择玩游戏，我认为那就是上瘾了。你明明有别的事情做，可以和别的同学出去一起爬山、去户外郊游，也可以在家里读书写作业，但是你偏偏选择要以打游戏的方式来打发时间。这可能就是真的上瘾了，我刚才讲了打游戏是一种娱乐方式，但是我也没说打游戏就是唯一的娱乐方式，娱乐方式还有很多。刚才我也讲了看电影、和朋友吃饭，这都是娱乐方式，你为什么非要选择打游戏，我认为这就是真的上瘾了。

我今年打游戏的时间也不短，而且每天都玩，但是游戏不是唯一的娱乐方式。我有时候想出去散步，天气热了我买个冰激凌，周六、周日妹妹回家的时候，我带她去水上世界玩，我平常找一些朋友一起打球，打完球吃个饭、看个电影，这也是娱乐方式。我没有说只选择打游戏，在打游戏上，我没有上瘾。真正上瘾可能真的就是明明有别的事情做，但还是选择打游戏，把游戏作为唯一的事情来做，那就是上瘾。

我举个别的例子，比如我们之前对话的一位嘉宾，她叫吴美玲，世界珠算冠军。她当时对算盘的热爱就是上瘾了。每天都打算盘，明明可以做点别的事情，但还要选择打算盘。其实这种也算上瘾，这种热爱算得上职业精神，就是将算盘作为职业了。

如果朱登峰每天喜欢打游戏，把游戏当成了学习，说明他真正热爱，或者说他真正有天赋，我认为是件好事，因为他真正找到了自己想做的，他未来可以做一个职业选手。职业赛场上打游戏的也挣钱，你看世界职业比赛冠军，挣的钱可不少，一点儿也不亚于我们现在的上班族，但他们现在这种职业只有赢才有钱，你不赢就没钱，那就破产了。

我认为像我们现在打游戏可能纯属为了娱乐，我相信朱登峰打游戏也是为了娱乐，娱乐不是真正说将游戏作为他人生的职业，我是这么理解的。

第二个问题，打游戏和打篮球有区别吗？打篮球还能锻炼身体，但是打游戏打时间久了，身体就酸痛。比如，虎博他很喜欢打篮球，让他每天打五六个小时的篮球，你说他身体能扛得住吗？当然扛不住。他不是那种专业的球员，他没有身体天赋，每天让他打个七八个小时、每天投篮训练，身体不久也会出问题的。

体育竞技和电子竞技，其本质上是一样的，可能技巧和方法上存在一些区别。打游戏是动手指、动脑子、动眼睛，那些体育竞技用身体，这是我对体育竞技和电子竞技的看法。

第三个问题是什么？

张喜兰校长：

少乙，你是如何管理规划自己的游戏与学业时间的？

李少乙：

其实我做得也不是很好，我只能说我做的是最适合我自己的。因为我比较喜欢和朋友一起玩，一起社交，在北京我的朋友不是很多，之前认识的这些小学同学，大家现在都要上学，其他认识的人就不多了。

唯一认识的就是从美国波士顿回来的一个学长，他高我三个年级，也是北京人，我们平常没事就聚聚。他找我的时候，我一般都会去，没有出现过他找我去打篮球、去吃饭、看电影，我不去的情况。我打游戏的初衷就是为了和一些线上的朋友和我在美国的同学或者和我在美国高中回来的留学生，一起玩玩游戏。其实我一个人单独玩游戏的时间很少，都是和别人一起，我才玩的。

还有对学习管理，一般我是不会把学习放在打游戏之后，我一般喜欢先把一件事情做完，然后再做另外一件事情。一般我不会学习学到一半，觉得累了就去放松，我可能会稍微坐一会儿，就接着开始学习。换句话说，当我打游戏的时候，我很少在打到一半就暂停学习去了。这个感觉更实际一点儿。比如说你看到一个人打着游戏打一半了，然后学习去了，这是很少见的。

我认为做一件事情要么就别做，要做就做好。我最不喜欢听到的一句话就是"到时候再说"，谁知道到时候是个什么情况？我一般都是喜欢先把这件事情规划安排好，很讨厌临阵磨枪。在学习的时候，我喜欢先学完，然后再玩游戏，这是我对时间管理和打游戏的时间管理的一些方法。但是这些对于我自己而言，是最适合我的，我没有说这个方法就一定是正确的。有些人可能就是学累了，需要休息一会儿，打一会儿游戏放松一下，才能调整好自己的心态接着学习。

回答得不知道可不可以？不知道张老师还有别的问题吗？

张喜兰校长：

好的，少乙刚才的回答给了我新的认知，因为我确实对游戏不是很了解，刚才说到了对游戏能拿得起、放得下，不是真正的沉迷。这个确实使我对游戏有了一个新的认知，明白这样都算是正常的，这给了我一个新的观念。再一个就是刚才说到少乙对游戏和学习的关系，我认为少乙处理得非常好。刚才说到马上就要放假了，高考结束后，朱登峰就没有学业上的压力了。每天到底玩多长时间合适，你刚才也说没法确定，有的人就多一些，有的人就少一些，所以他作为一个普通的中学生，我在这方面上还是有一点儿疑惑的。

李少乙：

对于暑假，分析一下"暑假"这两个字，暑是炎热，假是假期，暑假就是炎热的假期。既然这个暑假都这么说了，管夏天的假期叫暑假，是不是就意味着小孩儿应该放松放松，做点自己喜欢做的事情，可以和同学适当地玩玩自己喜欢的东西，这是暑假的字面意思。

我看完一本书再复习一遍，边学边复习叫学习。没有说学习的时候打游戏，然后我再复习，那就叫学游戏期。既然说是放暑假了，是玩的时候，我认为家长就可以稍微放开一点儿，让小孩儿尽情地玩，让他们知道该玩的时候让玩了，到开学的时候就要开始学习了，应该进入学习状态中。这件事情应该正确地看待他在暑假的时候可能会玩手机，一天玩七八个小时，我认为也很正常。他该玩的时候就应该玩，但是玩得时间太久了也不行。是不是我们有新生代的活动邀请他愿意参加，他来参加了，是非常好的、说明他是很阳光的一个男孩子，愿意积极参加我们的学习娱乐活动。如果他因为暑假要打游戏不参加我们活动，我认为这个时候他可能对游戏有点上瘾，他就像我讲的，把游戏当成人生中最重要的、唯一的事情。

作为家长还是要看开一些，这个暑假给孩子时间，该学习的时候就是要学习，该玩的时候就要痛痛快快地玩，不能违背这个原则。

张喜兰校长：

刚才少乙对暑假玩游戏的问题解读得特别好，我也了解了，谢谢少乙。我的提问完毕。

李绵军校长：

张老师和少乙的对话特别精彩，刚才少乙讲到了暑假的定义，确实给我们家长带来的是深深的思考。我认为刚才在回答这个问题的时候，特别是提到了到底什么是沉迷，什么叫兴趣。

实际上打游戏可能就是孩子的一种喜好。喜好和上瘾，我认为要分开。如果说该有事的时候他就做事，没事的时候他打会儿游戏，这不叫沉迷，也不叫上瘾，上瘾就是控制不住成瘾了。如果他该学习的时候去学习，该吃饭时候去吃饭，该和朋友聚会的时候去聚会，他能自我管理，能够掌控事情，就不是上瘾，这就是一个喜好。这个界定特别好，可能对所有家长都会有很大的启发。

下面我们就请李绵洪老师来给少乙提问题。

李绵洪老师：

少乙，你好！大家好！

前面已经有很多成果了，我们聚焦到一个点上，比如关于游戏的正面价值、负面影响，这些我们已经都没问题了。我要问你的，我们要看一下，为什么有的家庭的小孩既玩游戏，在其他方面又都成长得很好，学习也好，生活也好，娱乐也好，兴趣也好，适应得都很好；而有的家庭的小孩儿沉迷于游戏。那么他走向沉迷游戏的综合原因是什么？

我想请少乙从小孩的本身出发，即他的兴趣、天性、特点、家庭氛围等方面讲一下对小孩沉迷游戏会产生什么影响。也许还有其他的视角，这些走向沉迷的根本原因是什么？到底是哪些综合因素造成的？如果解决了这个问题，大家就不会再忧虑了。这是一个底线问题，也是一个综合性问题。

李少乙：

我经历过中国和美国的教育，我在中国读的小学，我很清楚中国的这种应试教育是什么样子的。我在北京读小学时的一些同学的家长每天管得非常紧，从来不给小孩儿一点儿时间发展自己的兴趣爱好。他们都是让孩子上完学校的班，然后上补习班；上完补习班，家长再让孩子上他们认为是对的教育培训，比如学钢琴，学绘画等。

小孩儿不能这样，小孩儿可能有自己喜欢的东西。有些人的天赋就是打篮球，但是家长就觉得打篮球不是好的，他们觉得学钢琴、当个钢琴家才是正确的。

他们就会逼迫他们的小孩儿应试地学习钢琴，这时候小孩儿觉得钢琴很无聊："这是些什么东西？"家长不让他们做自己喜欢的事情，他们可能会从他们同学的嘴里得知打游戏好玩，同学们现在都在打这个游戏。

小孩儿听到打游戏好，就会加入队伍，做了自己想做的事情之后，他就会觉得很放松。

但是，中国很多家长是绝对不允许小孩儿自由发展的，前途的路都是家长规划好的。不允许小孩儿做一些他们认为不对的事情。当我去了美国之后，我发现那些家庭其实对于小孩儿自由时间的管理是非常开放的。他们放学之后，家长基本上都是让他们自己安排。在读初中时，小孩儿都有了一定的自律，他们就会选择做自己喜欢的事情。

大部分的小孩儿放学后会选择做体育运动，他们喜欢橄榄球或者打棒球，我打篮球。那些美国的小孩儿热爱这方面的东西，而且家长会鼓励他说，放学了，学校的东西都学完了，到你的兴趣爱好发展时间了，自由发展吧。你想打篮球？那就打篮球！父母会把孩子送到一个专业的培训篮球的俱乐部，还给买装备，把篮球的护膝这些都给买齐，鼓励孩子打篮球，甚至还每天接送。在美国，家长很鼓励孩子做自己喜欢做的事情，发展自己最擅长的，这就叫作独立思想。

在中国不一样，中国的家长会在思想里进行横向比较：别人家孩子做什么，我家孩子也要做什么，不然我家孩子就比不过别人家的孩子。高考的时候，分数没他们高，上不了好的大学，我的孩子就输了。为什么要比呢？家长很喜欢和别的家长比，比自己的孩子，其实没有任何可比性。

有些孩子天赋就是学习，当一个教授，你怎么比？有些孩子天赋就是职业运动员，你怎么比？有些孩子天赋是绘画，这些孩子怎么和那种身强体壮的、天赋就是能当篮球运动员的同学比，没有任何可比性。

在美国，大家注重的是什么？纵向比较，你和自己做比较。比如说给你安排时间，你会怎么安排？你会上完课就打游戏，打一天的游戏，然后明天接着打游戏。但美国小孩儿他们不会这么安排，他们知道热爱什么，他们要做什么，可能还有些美国小孩儿讨厌打游戏，他们不喜欢打游戏，就喜欢做运动。在中国就不一样，基本上没有小孩儿能抗拒游戏的，是因为管得太严了，不让他们发展个人的兴趣爱好，没有给他们这样的时间。

国外的学生他们也有沉迷的，他们也打游戏，基本上每个人都打游戏，他们能控制得住，知道什么时候该做什么，该打篮球了，他们就去打篮球，该打棒球了，他们就去打棒球。他们能控制得住自己，因为在小时候给了他们足够发展自己兴趣爱好的空间，让他们知道自己真正想做什么。我不知道讲明白没有，刚才讲的可能有点不太好懂。

我再举个例子，比如说考试。第一次考试，小孩儿只考了 85 分，在班里面排名第 15 名。第二次小孩儿考了 90 分，但是因为卷子比以前简单了，所以说孩子在班里排名没动，还是第 15 名。可能这时候家长就看不到增长的分了，就知道孩子还是第 15 名，长大以后还是没有大学可以上。

在美国任何考试成绩，包括小测试，都是不允许公开的，你只知道自己的成绩，不允许知道别人的成绩，老师也不允许把任何学生的成绩公开，他们也不允许有排名，说第一名是谁，第二名是谁，第三名是谁。他们最多就告诉你，考试的平均分是 90 分，这就是他们能说的最大限度了。

李绵洪老师：

少乙，这个回答得相当好，我懂你的意思了，你也给了我一个很好的回答。

少乙，你是通过中西方家长教育观念的不同，间接回答了小孩儿为什么沉迷游戏，这个回答得好。中国的小孩儿很多压抑了天性的部分，也压抑了趣味性的追逐和综合性地发展他喜欢的事情。

这样就相当于一条河流，你不让他顺流去蹚，给他挡住了。挡住以后，他在这个过程当中突然发现了一个很好玩的游戏，他就收不住了，就越陷越深，最后对游戏越来越沉迷。

那么西方教育，或者说东方教育中有一部分家长比较开明，有国际视野，这部分家长相对来说，即使小孩儿玩游戏也不会沉迷，要相对好一点儿。

我理解少乙的大体回答，也就是说从少乙的回答来看，其深层次的根源还是与家长有关系，与家长教育的观念有关系，压抑了小孩儿的天性和趣味性的多样化问题。另外一个视角，分数决定未来的命运，对未来的焦虑造成了孩子要好好学习，不能做这个、不能做那个，都给控制住了，也没创造这样的机会。因此孩子玩了游戏后，就止不住了，可能是这样的原因。少乙，我理解怎么样？你看是你要表达的意思吧？

李少乙：

对，差不多就是这个意思。中国的教育有些可以改善一下。中国的教育把每个孩子学习成绩提高、学习的理念都强化了，非常好。比如说孩子不写完作业就不让吃饭，这种理念也有它自己的好处。这种对学习理念的强化，在美国可能就没有。大家对于学习可能就没有那么重视，就和平常吃饭喝水一样，就是每天都要做的事情。

比如说我们中国学生到了美国，成绩那都是一流的，没有说哪个中国学生到了美国还没有美国人的成绩好，你看哪个留学生到了美国不都是比他们成绩好，因为他们已经有了那个模式了，已经有了自己主动学习的模式，已经给他们规划好了，这也是中国教育理念的一个好处。

李绵洪老师：

你回答得很好，看中国的教育非常中肯，也中立，既看到它好的部分，也看到它不好的部分。

我再问少乙，在中国的大环境、大背景下，家庭教育怎样做，才能够让小孩儿不至沉迷于游戏？而且他也会玩，但有限度。像你这种情况就不属于沉迷，你能够知道该交友就交友，该学习就学习。

我的问题是家长到底怎么转变一些观念，或者说创造一个怎样的氛围，从间接土壤层去避免孩子沉迷于游戏。只要解决了这个问题，大家就不会忧虑了。

李少乙：

首先家长需要把自己的理念放开，学习可能不是唯一通往人生成功的道路，有些成功人士学习成绩可能也不好，比如勒布朗·詹姆斯，基本上NBA这些球员在学校的时候成绩都是很差的。

我这里想说的是，学习不是唯一的道路，还有很多其他道路能通往人生的成功，所以说家长要放开理念，让孩子做自己喜欢做的事情，发展他们自己内心的天性，打开他们的天赋，让他们把天赋运用到自己想做的事情上，而不是一味地强化学习成绩。

对于具体怎么做，我可以提几个建议。可以参考一下美国家长的思考方式，从小的时候就让小孩儿选自己喜欢做的事情。

可能有些人喜欢绘画，喜欢打篮球，喜欢打棒球，喜欢唱歌，喜欢跳舞。因为小孩儿小的时候也不懂，他们只知道玩自己喜欢玩的。我希望中国的一些家长从孩子小的时候就不要一直对自己家的小孩儿很严厉，给他们一些自由时间，其实是没有什么问题的。

家长在该学习的时候鼓励他们，让他们学习，学习过后应该让他们发展自己的天性。很多中国大学生毕业后很迷茫，不知道自己要做什么。这是因为他们小时候缺乏这种对于天性的鼓励。

我这边有个很好的例子，孙虎博今天也在现场，他在中国参加过高考，前两天我还和他聊过天，说毕业之后他想做什么，他和我说他挺迷茫的，不知道自己真正想做的是什么。

我没有针对孙校长和彩虹阿姨，我只是说如果当时开放一点儿，虎博小时候可能有些事情他很想做，有天赋，比如打篮球，他现在虽然打篮球打得很好，很喜欢且有天赋，但是可能小时候还有别的事情没有挖掘到。因为在小学的时候或者初中的时候，一直让他学习，没有发掘到他的真正天赋是什么，导致他现在毕业之后很迷茫。

归根结底就一个点，就是家长需要让自己小孩儿变得更独立一些，让他自己选自己真正的兴趣和天赋。

李绵洪老师：

李少乙，你从一个很深层次的视角、从侧面间接回答了沉迷网络的根本原因。如果从这个地方发力，不用害怕孩子玩游戏时间长短的问题。感谢少乙。

李绵军校长：

我看到现在已经9：30了，还是尊重一下这个时间。虽然有两位校长还没有提问，我想咱就等到下一次，要不然每次时间很长，大家一旦累了，下次就不想搞这种活动了。像这样轻轻松松地完成。我认为非常成功，少乙回答得也非常精彩，很深刻。

今天少乙与大家的互动，作为家长，柏老师也在旁边，我俩在交流，也对李少乙有了更深刻的认识。李少乙是非常优秀的，有洞察力，看问题很深刻，这是以前我们作为父母不了解的，这一点让我很自豪。我想今天咱们在结束之前先由4位提问者，还有刘彩虹老师、彭芳校长，你们6位将今天听了之后的启发和收获反馈给李少乙。最后李少乙做简单的总结，咱们就结束了，每个人的发言就1到2分钟。下面就从刘校长开始。

刘学校长：

通过少乙给大家的解析，我认为不仅让我对孩子玩游戏有一个新的认识，更重要的是对于孩子的教育、人生观有了一个很大的提升。

我和张老师我们两个人收获特别大，特别是在孩子教育上，可能之后会站得更高一些，原先可能对学习成绩等比较重视，我想这些都是中国大部分家长更看重的东西，不看重孩子的天性、个性的发展，往往忽略了太多，经常给孩子进行这种横向的比较，通过成绩评价孩子，这样的视角非常狭窄。所以说今天少乙的分享特别好，让我收获特别大，非常感谢。完毕。

李凤琴校长：

今天晚上的对话真的是太好了，也非常轻松。我收获有以下几点：第一点，让我对游戏的认识有了一个很大的提升。在对话的整个过程中，我也和李金诚在微信上聊天，感觉之前我对他玩游戏这方面有很多不尊重的地方。现在我认为他不是那种沉迷在游戏中，而是该玩的时候玩，该学习的时候学习，该和朋友相聚的时候相聚，这方面做得相对来说还是比较好的。这让我明白之前对他这方面还是有很多的误解。

第二点，还有一个很大的收获就是身边的人，尤其是我们家长，对孩子玩游戏有很多的困惑。通过今天少乙的解析和分享，我可以把今天晚上所有收获的知识分享给身边的人，然后帮助身边对孩子玩游戏有困惑的家长、朋友，希望能帮助他们对玩游戏有一个理性的认知。

第三点，通过少乙的分享，让我反思自己对孩子的教育，确实是有很多的控制和压制。我也在想为什么孩子，也包括我自己，找不到自己的爱好，甚至说对他们来说，比如李金诚从小在这种环境中，可以说是遏制了孩子很多的天性。有很多家长不允许孩子怎么样，甚至孩子在小时候学习的所有东西也都是家长选择的，更没有尊重孩子的喜好。所以今天晚上收获非常大。非常感谢少乙。

张喜兰校长：

今天晚上通过少乙对游戏的解答，确实让我们感受到，以前对游戏的认知还是有偏差和误区的，今天也算是纠正了我们的一些认知。

这个解答也更加强了我的一个信念，就是要相信孩子，相信孩子能够管控好自己的学习和游戏时间。每个孩子生命肯定是向上的、向好的，所以要相信孩子。然后就是少乙对问题的解答让我非常佩服。无论是深度上还有从思考性上，真是远远超过一个 16 岁孩子的心智。这是我今天晚上的收获。谢谢少乙。

李绵洪老师：

我的总结是，今天这个话题让我收获很大，因为我本身是当老师的，在开很多家庭教育讲座时，向我咨询青春期玩游戏问题的家长太多了，结果都解决不了。少乙和虎博是有真知灼见的，他们是从内心体悟出来的，回答得特别好，我特别受益。这个话题加上大家的对话互动碰撞出来的智慧，对我的启发非常大。以后别的家长再咨询我，我就可以帮到这些家长了。少乙的回答，无论是从认知系统，还是从根源上、方法上，都给了我有价值的建议，我觉得特别好。给少乙、给虎博、给大家点赞。

刘彩虹老师：

少乙好！我对少乙还是比较了解的，从我认识他，就感觉他有莫名的一些能量，我也不知道这些能量是从哪里来的，因为莫名的一些能量，我感觉这小子真的是不一般。

今天通过网络游戏这么一个敏感的话题，在对话的时候，他特别有自己的见解，有自己的认知，有自己的想法，别说对自己的孩子，对我自身也是有一个莫大的触动和认知上的提升。

第一，我以前自认为特别了解我的孩子，但是今天虎博对游戏的介绍，语言非常流畅，让我再一次重新认识了自己的孩子，其实我一直感觉好像自己了解自己的孩子，现在看来还是不够完全了解。这让我知道在格局、认知度、维度上更需要提升，这个对我触动特别大。

第二，少乙和虎博回答家长们对游戏的疑问，回答得如此坦荡和阳光。在这一点上，我作为一个家长，我感觉需要认真反思，如果不通过这样的对话和学习，我们只能停留在我们所认识的游戏的一个状态里。他们给我上了很好的一课，有颠覆性的认知方面的东西。

我对少乙和虎博未来的成长方向更有信心了，作为父母还是很高兴的一件事情。谢谢有这么新鲜的话题，让家长和孩子做一个很好的链接。我感觉太棒了。谢谢！

彭芳校长:

今天因为有事,所以我进来得比较晚,听到两位校长的提问和少乙的回答。首先,这样一个对话,让我们家长站在孩子的角度来看待游戏。我认为特别好。虽然我只听到两个校长和少乙的对话,但是已经化解了我不少的焦虑。因为我们家还有一个孩子现在正在读初中,在听的过程中我就在自我反省,我们家长对于孩子这种攀比的心理,为了面子而强加于孩子身上的很多东西,在我身上也都是存在的。

这样的一个视角,这样的一种方式,我认为很新奇。其次,少乙才16岁,他能有这样的一个格局和视角看待问题和这样的一个世界观,让我特别佩服。一位16岁的孩子,他能够用这样的一个世界观来和我们对话,化解了我们很多的困惑以及焦虑,回答了一直牵绊我们这么长时间以来的问题,让我受益匪浅,要是有机会的话,还真的很想见见少乙。

最后,就是对于孩子的天性,确实我们家长,包括我们自己以前也是这样子的,由于我们自己想要孩子成为我们想要的样子,而忽略了孩子的天性。我们想要他做什么?然后想让他成为什么样子的?我们想要塑造孩子,而不是让孩子天然地发展他的天性,这个问题确实是我们以后要深刻反思的。

我现在小的孩子还在上初中,这让我更加有信心和机会见证孩子的健康成长。少乙的分享给了我很大的希望和力量,特别感谢!

李绵军校长:

大家都讲得非常好,也给了少乙正向的回馈,也是对于少乙的鼓励。刚才少乙也谈到了虎博,大学即将毕业,很迷茫。我认为虎博在过去一年里,因为参加新生代,成长非常大,实际上虎博这个目标也会慢慢地显现出来。毕业以后虎博在想这个问题的时候,实际上目标就会显现出来的。

虎博你不用担心,或者说毕业之后想做什么,你现在不停地思考,慢慢它就会显现出来。实际上,你只要是处于往前走的过程当中,都会有路的，人生总会有路的。你看你们对网络游戏这样的一个解答，给大家带来那么大的思考，现在社会太需要你们这样的解答了，你们可以给家长解答这样的问题。你都可以办家长学校，讲解关于这个怎样看待网络游戏的问题，这都可以去做。现在当下，你就努力好好学习就行了，好好地发展自己，慢慢地有些东西就显现出来了。

李少乙：

今天提到了很多问题，每位校长和老师都问了我很多，都是很有触动的一些问题。其实在给大家解答的过程中，我自己也有很多的启发和收获，我也重新思考了一下自己的人生规划和时间管理，我也需要重新调整，为以后更好的未来做准备。

至于刚才李校长讲的对当代青少年的一些看法、一些讲解，我认为是很正确的。

大家知不知道，我们有个叫作神墨新生代的活动，目的就是帮助当代一些迷茫的青少年，让他们找到自己的兴趣，从自己的兴趣爱好中找到自己的人生目标，发展自己的兴趣，以后作为自己的职业，所以在这里感谢所有在座的老师和校长，再次感谢我们今天所有到场的嘉宾和听众，感谢大家！

李绵军校长：

今天非常成功地举办了第一期《对话少年》，探索孩子的内心世界，这一期就是关于青少年的网游心声，非常成功。下一期我再和李少乙沟通，然后找一个时间再进行第二期对话。

第二期的对话，我们再探讨一个新的话题，比方说孩子对家长控制或托举的心声、感受是什么。就类似于这样的话题，或者说如何帮助孩子发现自己的天性，如何发现孩子的天性，对这个问题怎么看。到时候我们再进行对话。到时我们还邀请咱们这几位校长进行探讨，我认为特别有意义。

彭芳校长是家庭教育联盟的会长，以后像少乙，还有这些神墨新生代也可以与家庭教育联盟互动。因为从孩子的教育发声，对家庭教育联盟可能也会带来非常大的启发。这是今天我思考到的。彭芳校长你也可以想一想，适当的时候就可以邀请少乙他们进行对话交流。

今天我们就到这里。感谢大家。我们都有成长，都有特别大的收获。再见！

随着社会快速发展，家长对孩子的教育需求也越来越高，家长在教育管理孩子方面起到的作用无可替代。影响孩子的成长因素有很多，最重要的是家长因素。家长的工作方式、生活方式、心理状态、人际关系等，都影响孩子健康的成长，也就是说家长的言传身教会对孩子产生深刻的影响。

第二期 孩子对家长控制的心声

李绵军校长：

各位校长大家好。今天晚上我们继续开展第二期少年心声对话，还是由李少乙和6位校长进行对话。这一期的话题是关于家长对孩子进行控制，强制安排一些活动，孩子内心会有什么样的感受。通过对话让我们家长了解孩子内在心声，便于家长与孩子之间真正做到平等、尊重、信任、赏识、关注、激励。作为父母，尤其是中国父母，很容易认为孩子是自己的，很难做到真正的平等。

实际上，每个人都是一个灵魂，都是一个独立自我，平等才是真正的互相关爱。今天的话题就是谈一谈家长对孩子进行安排过程中，有时会不太尊重孩子的兴趣，不考虑孩子想要的，就根据自己的想法安排一些事情，包括兴趣课、课外活动、学习、旅游，包括在家里的一些事情，那么孩子的感受是什么？今天晚上咱们主要就是探讨这个话题。

下面就由李少乙先开场，然后由6位校长陆续提问。

李少乙：

各位校长大家好，我是神墨新生代的李少乙。我先和第一次参加会议或者不认识我的校长和老师做一下自我介绍。我叫李少乙，今年16岁，在中国读的小学，读到五年级后去美国加州读六年级、七年级和八年级，相当于他们那边的初中。高中是在美国波士顿东部一所私立学校，读了九年级。2020年5月左右暴发了疫情，所以我就从美国回来了。今年在家上了一年网课，我决定在北京一所国际学校继续完成我的高中学业。今天在这里我很高兴见到所有老师和家长，也很感谢李校长给我们这次机会来组织这场会议、这场对话，让大家能听到我们这次对话。。

本次主题叫作"孩子对家长控制的心声"，想必大家对这方面的话题很感兴趣，而且很苦恼、很烦恼。毕竟作为家长，或许很难和自己的孩子沟通，不知道孩子心里想什么，会盲目选择一些自己认为是正确的事情来控制孩子。

可能有些孩子并不喜欢家长的作为，有些好的孩子可能会表达出来，与父母说我们不喜欢这样的决定；但另一种孩子选择憋在心里，这种事情如果积累多了，会对他们的心灵造成很大伤害。

所以今天我希望每位家长可以放开自己的心声，探讨关于自己孩子成长中比较烦恼的问题，我在这里也给大家做一个比较客观的回答。因为毕竟我也是一位青少年，也很了解现在青少年心里的想法是怎样的。下面就由李校长开始安排第一位对话嘉宾。

李绵军校长：

第一位请张文华校长提问，和李少乙对话。

张文华校长：

李校长好，少乙好，各位神墨校长晚上好。前几天我了解了一下受邀对话的家长，应该都是属于个性比较强的。我们平时和孩子相处时，确实有过对孩子各方面，包括生活、学习、安全等都不太放心的地方，有时会遇到孩子不愿与家长沟通，有时他自己已经安排好了，也不愿意与家长进行交流。所以今天这个话题我感觉非常好。站在家长的角度，我确实对我家这个女孩子张广韫不太不放心。

第一个问题是我最不放心的，就是女孩子的安全问题。前几年，经常有女孩子坐出租车遇到意外，之前美国伊利诺伊大学发生了章莹颖事件，作为家长，对孩子上学安全最担心。孩子总认为自己的安全自己会操心。遇到这样的情况，孩子不愿意与家长交流，怎么办？这是我比较困惑的。

第二个问题是关于谈恋爱的问题，这个问题这里就不提问了。我想问问关于职业和专业选择的问题。在学习过程中，确实发现她的理科思维弱，数理化相对弱一些，我们就会引导她往文科方面学习。但在学习过程中感到无论学文科或理科，她都还没有找到自己的兴趣点和兴奋点。这时作为家长就想引导，引导过程中也会引起她的反感。

我想问的就是这两个问题。因为我们家孩子今年已经22岁了，相对来说，比李少乙可能要大几岁，不知道我的问题是不是有点超纲。

李少乙：

第一个问题是关于女孩一个人上下学。因为我是一个男孩子，大概从三年级开始，就自己一个人背着书包上学，再放学回家。当时家长都鼓励我、支持我一个人上下学，因为这样能锻炼我的独立能力。但是换作女孩，比如我们家里，我有个妹妹叫李心柳，她每次上学都需要有人送，她是不能自己一个人上下学的。首先，她的学校离得比较远，开车过去要大概40分钟，所以需要有人去送。在这里我想告诉张校长，对于孩子上下学，并不需要那么担心，既然孩子在这方面选择独立担当，他们就有责任保护好自己。如果哪一天心柳说自己能够一个人坐车上学，我会很鼓励她这样做。因为我知道她之前自己不敢，既然她能做出这个决定，作为家长或者我作为哥哥是应该鼓励的，她很勇敢地迈出了这一步。

其次，张文华校长说女儿上下学时遇到一些问题、一些危险事件不和家长说。在这里我想和张文华校长说，孩子遇到一些困难或是危险，他们会觉得如果告诉家长，家长不但没有帮他们解决好事情，反而给他们添乱，让他们在同学面前丢脸，我感觉她大概是这样一个想法。毕竟当时她的年纪应该也不大。在这个问题上，我想张文华校长应该正确地理解自己的孩子，毕竟每个人想法都不一样。我认为张文华校长以后可以用心平气和的方式正确地与女儿沟通，多理解、多支持，她才会变得更有勇气、有担当，更加独立。这是对第一个问题的回答。

第二个问题是关于女儿在22岁这个年纪还没有一个具体的兴趣爱好，没有找到自己人生的大目标，作为家长比较迷茫，想引导孩子，但是这期间会产生碰撞。我认为这是很正常的，因为每一个刚毕业的大学生，多多少少都会有一点迷茫，不知道自己要做什么。此时张文华校长应该和她沟通。比如说像我们神墨新生代组织的一些对话，可能在场一些老师和校长没听过，我们都是以很客观、非常理解对方的心态进行对话。

比如我和我父亲在新生代里做了很多对话，关于家长、关于亲子之间的一些碰撞，我们都是以对话者的身份进行交流，而不是以一个儿子和一个父亲的父子关系进行交流。

所以张文华校长以一个长辈的姿态，用身份"碾压"自己的女儿，这是很不正确的，更应该以一个知心对话者去理解，去和你的孩子正确地沟通。比如你可以问她，你平时有什么兴趣爱好，可以从兴趣爱好里逐渐找到她感兴趣的一些东西，或者可以问她，让她请10个古今中外的名人吃饭，她想请谁，这也是我们之前新生代有过的一些话题。她逐渐会在对话期间暴露出自己对生活、对未来追求的一些志向，这些都会显现出来。

所以，归根结底还是要做一个知心对话者，以和平、公平的身份和孩子沟通，不要以长辈的身份"碾压"他们。今天就分享这么多，不知道张文华校长有没有其他问题。

张文华校长：

我有点感受，我认为少乙讲的，家长不能用自己的强势"碾压"孩子，要站在平等对话的角度，这是在今后交流过程中应该注意的。包括刚才提到关于孩子安全问题，我没想到我是给她添乱，我认为我是在帮她解决问题。所以家长还是没有站在孩子角度思考问题。

刚才对话我有两点感受比较深。我感觉与新生代对话时，孩子在当主持人过程中能够以客观、平等、换位思考、正确的沟通方式与家长沟通和交流，这点让我感受挺深。

刚才少乙又提到，用这种对话方式和自己的孩子进行沟通，慢慢发现她的兴趣爱好。我在工作中和校长或和主管老师会用这种对话方式，但是对自己的孩子好像还不能很好地摆正角色，总是以家长制的方式对孩子。

我就提这么多问题，谢谢少乙，特别感谢。我觉得真的是身边每个人都值得我们学习，包括我们自己的孩子。刚才我真的感到收获很多，也有很多感悟，谢谢你。

李绵军校长：

刚才张文华校长的问题提得非常好，咱们所有校长在提问题时尽量放开，想问什么问题都可以，包括可以问孩子小时候一些问题。我们可能对孩子的强制要求更多，可以回忆一下对孩子小时候的那些要求。

我们探讨这个话题，也知道家长对孩子小时候的一些影响，这样作为话题可以在这里交流。

关于女孩子恋爱的问题，我想张文华校长可以把话题打开，听听一个男孩子怎么看待这个问题，也可以继续问。

张文华校长：

我刚刚一想到少乙16岁，他可能不知道该怎么回答这个问题，所以我一下就收住了。校长这样引导，我就打开说，这个问题对于我来说现在是处于比较困惑的阶段。因为我女儿谈对象已经有一年多的时间。现在女儿可能9月就要去英国伦敦大学读书，但这个男孩暂时走不了，所以他们两个人在纠结，作为家长我也纠结，纠结什么呢？

第一点，从今年9月开始，两个人可能不会在一起读书了，但我感觉两个人感情还挺好，也感觉到女儿心里一直放不下这段感情。我就在想未来她去英国读书，两个人分开这么远，会不会影响女儿正常的读书求学道路，同时也在担忧她的安全问题。

第二点，如果继续这样分开的话，未来女儿很可能在英国还要继续读博士，分开的时间就会越来越长。我认为两个人这种交流方式对未来影响是很大的，但是没办法和女儿沟通这个话题，因为他们这时也很迷茫，两个人也处于很迷茫的状态。所以这件事对我来说担忧、焦虑成分比较多。

我不知道少乙你们这些孩子听到这样的话题以后，能给我们家长做哪方面的心理疏导。

李少乙：

张广韫应该是在大学里谈了一个男朋友，现在她要去英国留学，目前男朋友没法和她一起去，就导致两个人要分开，变为异地恋。这还不只是异地，叫异国，一个在英国，一个在中国，时区都不一样。

我刚才也听出来了，张文华校长最担心的是自己女儿在英国会不会被感情所影响，导致学习或者生活有所改变。

作为家长，我觉得担心没有任何问题，因为每个家长都希望自己的孩子每天生活得开开心心、快快乐乐，学习能够天天向上。换位思考，如果张文华校长是张广韫，你也是22岁，你也有一个男朋友，现在也是异国恋，你认为你甘愿因为出国这件事情而断送了感情吗？肯定不愿意。出国当然有它的好处，但是不愿意因为出国这件事情而断送了这一段感情。感情应该是有始有终的，不应该遇到一件事情就断了。

所以我认为张文华校长的担心没有任何问题，但是还要更加相信孩子，毕竟她现在也大了，已经22岁了。你要相信她能够处理好感情问题。如果说真到了有一天，感情需要结束，你女儿应该也是做好了一个心理准备，毕竟她已经是一个成年人，不再是一个小孩儿子了。因为我还没有成年，没有这方面的经验，我只能做一些主观的评价。

张文华校长：

谢谢少乙，你站在一个孩子的角度回答这个问题。我也在想，其实我们应该相信孩子，相信孩子有能力处理好这些事情。可能也是我到了这个年龄，再加上孩子离我们挺远的，这种焦虑自然而然地就出现了。

你刚才也给了我一点儿启发，我认为感情这个东西他们自己心里最清楚，家长过多担心和焦虑也是没有用的。另外，我们希望相信这些孩子，他们在不断成长，在不同的年龄段，他们遇到事情是有能力处理好的。

谢谢你少乙，我刚才也在想，你是16岁，能解答22岁女孩子的恋爱问题，你真的很厉害，谢谢你。

李绵军校长：

还有一位新生代成员李嘉怡也在这里，她是李少乙邀请来的特邀嘉宾，她是个女孩子，在英国留学已经几年了，可以请李嘉怡谈谈刚才张校长提出的三个问题。

李嘉怡：

刚刚我一直在听张校长问的这几个问题，这几个问题都非常有代表性，是现在家长担心的问题，尤其是女生的一些问题。

我先提出一点，就是我观察到的，在提问环节中，张校长您说的很多问题都是您自己的担心，在这些事情上，好像没有看到张广韫自己的担心。

这种担心其实只是父母亲自己基于一些恐惧、基于一些害怕，强加到自己孩子身上的。这就是今天的主题了，这就是一种控制，家长会把自己的害怕情绪强加到孩子身上。可能这些问题对于孩子来说，不一定是她自己困惑或者恐惧的问题。

家长的这些恐惧点，出发点是很好的，只是可能对于孩子来说，这些恐惧是没有意义的，是强加的恐惧。

对于三个具体问题，第一个是出国的安全问题。首先我认为作为一个留学生，我了解张校长的女儿已经有过留学英国的经验，所以独自居住、独自上学应该不会是一个比较大的问题。再说现在的年轻人已经有自己保护自己的安全意识。

所以我认为，安全作为一个考虑的出发点，是非常重要的，但是不应该把它当作一个非常大的恐惧去看待，要看到孩子保护自己的能力、独立生存的能力，基于这个能力出发，再较为客观地考虑他们的安全问题。

还有后面几个问题，我认为比较有意思的是谈恋爱的问题，现实一点讲，异国恋确实相当不容易，对两个人也是极大的考验。但是要正确地、正面地看待异国恋这件事情。我了解到张广韫和她的男朋友感情也是相当深厚，那么异国恋将会是他们感情的一种考验。这种考验对于一个年轻人来说，是非常好的考验。经历异国恋以后，她可以从这段经历里获得相当多的东西，她对人与人之间的亲密关系，还有如何维持一段感情将会产生巨大的成长和进步。站在这一点上，我认为家长也要看到孩子们的一些经历所带给他们的积极影响。

说这一点也是因为感觉到家长对于孩子的控制很多是基于恐惧，所以在这里也要倡导一下，家长对孩子要多多以积极的眼光和鼓励的心态看待问题，我就说这么多。

张文华校长：

好的，嘉怡。其实在交流这些问题的时候，张广韫也经常和我说："妈妈，你不相信我，你要相信你自己培养出来的女儿一定是独立的、能力很强的，你应该相信你自己。"

她这句话说完以后，我好像心里有些安慰，但是真正遇到事情时，那种焦虑、恐惧还是会出现，所以还是真的就像嘉怡刚才说的，凡事多看积极的一面，不论是安全还是异国恋的问题，都把这些事情当作对她的考验，从积极正向的角度看待问题，同时也应该祝福孩子，对于我们家长来说心里可能会更加平静一些。谢谢你，嘉怡。

李绵军校长：

刚才的对话非常精彩。我想咱们今天参与对话的家长，因为孩子普遍都是年龄大一些，都是从青春期到踏入社会的，过一会儿我们先邀请几位孩子小一点儿的家长提问，这样穿插一下。下一期对话是专门探讨青春期的，今天已经邀请来对话但排不上提问的话，下次咱们再就青春期话题对话。下面请邹靖校长提问。

邹靖校长：

李校长好，各位校长好。之前听了很多对话，第一次在会议上提问这个话题，作为父母来讲，这个话题是中国式父母普遍存在的问题。实际上我们文化传承下来的东西，有一种就是对孩子的掌控。在我个人的理解上，从家长角度来讲，可能我们形成了一个比较成熟的价值观，有我们的行为规范，我们希望在孩子成长过程中能够把这种价值观和行为规范传递给孩子。但我们有时在做事情的时候，带着自己的固有模式，会用力过猛，在用力过猛过程中会形成一种掌控欲。在这个过程中，实际上我有时也会意识到这一点。我也更愿意从具体事件来感悟和体会，所以我想问一下少乙，你印象中被掌控的时候，印象最深的一件事是什么？第二个问题，你希望父母用什么样的方式来和你表达？就这两个问题。

李少乙：

提的这两个问题，我也想了一下，因为之前被自己父母掌控或者被安排的事数不胜数，小事情和大事情都有。我举一个比较经典的事件，很多人可能知道这件事。在 2018 年夏天，李校长说带着我、我哥，还有孙校长的儿子孙虎博，一起去一个寺庙，我们一起去旅游、度假。

刚听到的时候，因为我之前没去过青藏高原，就很向往，认为那个地方环境好、吃得好、住得好、玩得好、空气好，就是太好不过了，我们就是去度假的，当时我就是这么想的。

李校长很浮夸地告诉我，住的是天然小木屋，在山头上，旁边都是高山、丛林。我当时听了很兴奋。第一天坐飞机到成都，吃了一顿火锅后，开了三辆车，一个藏族的司机给我们开车，一路就直奔山上。

在途中我感觉有些不对劲，路很颠簸，司机开得很快，有点像《速度与激情》里面的飙车一样，山路弯弯曲曲，时不时得停下来歇一会儿等等后面的人。当时我就有种不祥的预感，这到底是个什么地方？到底还要开多远？开到一半的时候，我们下车，找了一个酒店住下来。在坐了一天的车后，我头晕恶心，一下车就吐了，身体很不舒服。睡了一天后，我们第二天继续赶路。

第二天正好遇到雷阵雨，也没有水泥路，都是土路，脚踩下去就是一个大泥巴坑，鞋子沾满了泥巴。所谓住的小木屋没有暖气和空调，简陋至极，只放了一些被褥和垫子。

当时我很不明白，难道这就是我们要住的地方吗？而且那时候因为下雨停电了，连手机都充不了电。第一天晚上我就很气愤，到底是来了一个什么地方？这根本就不是我心里所想象的。蓝天、白云在哪里？我想离开，而且还遇到了高原反应，虽然我没有那么强烈，只是有点头晕缺氧。

这件事情从头到尾让我感觉自己被安排的一样，在那儿硬生生地待了一个星期。虽然我心里清楚爸爸妈妈是对的，但压抑不住心中的那一团火，就因为感觉自己好像是被欺骗了，被安排到了和自己想象中完全不一样的地方，所以我心不在焉，每天都在混日子，待得不舒服、不情愿，这是我印象深刻的一件事情。回来之后，不管我爸用什么样的"花言巧语"，我再也不去那个地方。

第二个问题，邹靖校长问父母如何和孩子正确沟通。按照我这件事情来说，如果李校长当时要带着小孩儿一起去寺庙玩，我认为家长应该实事求是，告诉我们要去寺庙，那里海拔4000多米，到那儿之后可能你有高原反应，住的地方可能也不像家里这么好，到那会吃点苦，但每天都能吸收能量，能够提升自己的内心。

李校长如果以这样的方式来和我说，我可能不会气愤。毕竟他把这些事情先告诉我，给我打了预防针，之后就是自己的选择。但是家长没有提前告诉孩子实情，而是采取自以为对孩子好的方式告诉他、引导他，这就是对孩子的一种欺骗。

我认为家长对孩子安排事情的时候，要实事求是，尊重孩子的选择，也不要以为这个地方好，我的孩子就必须去，我认为这件事情好，我的孩子也必须得到这份好处。但有时候家长认为的好和孩子认为的好不一样，有些事情它确实是好——我深有感触，但是我当时被情绪所影响，整天负能量。

所以这是我的感受，今天也表达出来了。不知道这个回答怎么样，邹靖校长还有什么其他的问题和疑惑吗？

邹靖校长：

非常好，这个问题我们继续往下延伸。

从家长的角度来讲，比如像李校长那次让你去寺庙，如果他和你讲得特别明白，就跟当初的意愿相悖了。如何在家长和孩子的意愿达成共识的情况下进行沟通？向孩子坦白所有，将决定权交给孩子，那孩子有可能就不去了，在家里打游戏就好了。

家长为什么愿意掌控，是因为孩子有时候在做决定的时候会产生行为偏差、认识偏差，这时候就需要家长的经验和判断来帮助孩子。如果这样，家长和孩子之间的认知差距该如何弥补？

李少乙：

我大概听懂了，你的问题就是如果家长对孩子真实表达一件事情的时候，可能孩子会不愿意，得到的是拒绝的、否定的答案。家长担心孩子和成年人的理解和认知的偏差。比如去寺庙，如果说不去，在家里打游戏，还不如带他去。孩子可能无法做出正确的判断和决定，家长比较担心。但是如果控制或者哄骗孩子去，又会导致另一种冲突，孩子会和家长生气。

我举一个现实中的例子，为什么小孩一般在家里都比较挑食？是不是大家都很好奇？但是这个小孩有一天突然和家长说，如果每天买的菜、做的饭都是小孩儿喜欢吃的，那么小孩就不挑食，挑食的反而变成了大人。因为大人以他们自己的理解、认知对待孩子，这些东西吃了是好的，是好吃的，让孩子和他一样——我认为蔬菜是必须吃的，你也要吃；糖果不能每天吃，你也不能吃糖果。

但小孩不这样认为。小孩认为每天就是吃糖果、不吃蔬菜，如果每个人按照小孩思维每天只吃糖果、不吃蔬菜，家长就开始挑食了。有的家长就不喜欢吃糖果，只喜欢吃蔬菜。所以在这里孩子确实会有认知上的偏差，他们确实会做一些家长觉得不理解的行为。

我想说的是，如果李校长安排我去寺庙，我听他的去了，但到那儿之前没给我说清楚，我充满了负能量，到那之后很生气，负能量围绕着我，做什么事情我都是抵触的。被情绪所控制，我还不如待在家里。比如花钱让小孩上神墨课程，之后小孩不愿意去，家长非要他去上课，你认为小孩儿在课上能学到东西吗？还不如让小孩在家里和邻居家的小孩儿玩一玩，增进孩子的社交感情。

我认为家长应该尊重孩子内心。有些家长说小孩天天玩游戏不行，那小孩就说了，每天都让我学习，那我对玩耍就很向往。上期我们探讨了关于孩子打游戏的话题，家长天天把孩子控制着，不让他碰手机，他就会想，你不给我玩我偏要玩，这就是孩子的心理。

我认为家长应该理解孩子的内心，不该把自己认为对的强加给孩子，而应该以正确的方式疏导。

邹靖校长：

好的，非常好，这个对话非常真实。我没有问题了。

李绵军校长：

刚才邹靖校长提的话题非常好，这是非常真实的话题，后边的校长也可以用这样的方式问少乙问题。这样从少乙这里可以更真实地反映出来，触动可能会更大，这种方式很特别并且效果好。

刚才谈到了 2018 年去寺庙事件，当然有些校长也去了，到了那里也不是太高兴，后续也有一系列的问题，少乙今天表达出来，对少乙来讲就是非常好的释放，特别难得。今天这样的对话就是一个很好的修复。

在这里我也想作为家长给少乙谈谈当时我的心情。当时我描述寺庙行程吃住都非常好，在我描述的过程当中，我的内心认知就是这样的，因为之前我去过那里，到那里之后，确实也是住着那样的木房子，也没有水泥路。但是可能从我这样的一个年龄，让为他体验的所谓艰苦环境，在我看来是一种非常朴素、非常美妙的一种感觉，所以我是带着这样的心情。我认为非常美，而且吃得好、住得好，确实是我真心的感受。在这样的感受下，我和孩子们谈的过程当中也会这样表达出来。

当然通过少乙今天的表达，我了解到少乙的感受和我的感受是相反的，他的认知是这有什么好的？木房子，没有水泥路，都是乡村，可能体会就不一样。

这是我当时没有考虑到的，作为家长来讲，确实像少乙说的一样，家长考虑到自己的感受，但是没有体会到孩子的感受。

邹靖校长谈到了认知偏差，这个提法也特别好。第一点，我当时确实也是希望孩子们去体验，当时确实也有担忧，如果说那两个男孩都不愿意去，我们家长都去了，十四五岁的孩子在家里谁来照顾？或者说怎么安排他们的生活？作为家长是有担忧的，在和少乙谈这件事情的时候，包含着家长的心声，就是一种诉求、一种愿望，我要和你好好说，你和我一起去。第二点，也希望孩子在这一过程中受到一些洗礼，能够受益。确实也有这种自私的成分在里面。第三点，我想和李少乙说一说，因为谈到这个话题，虽然当时你在那样的场景里面有不舒服，有愤怒，感觉不太好，但是到了那样的地方，它对我们的灵魂一定是有价值的。无论是否听懂，是否明白，有些东西不是我们头脑能够理解的，有些东西肯定在我们的灵魂深处，我们是受益的，因为我对这个有一点点研究，我是这样理解的。从总体上来讲，我们是非常受益的。第四点，我们看待这件事情，现在回头看当时是很气愤。从我们一个人的生命历程来看，在我们从小到大成长的过程当中，一定会经历各种酸甜苦辣、喜怒哀乐，这些都是生命里宝贵的体验。比如到了高原，踩到了泥巴，住在简陋的木房子里，实际上等到长大以后再回头看，它也是一个非常难得的体验，而且记忆如此深刻，这件事情让我们记在心底，容易让我们想起那个画面场景，实际上对灵魂的洗礼可能是长久的，它的深层意义可能是更大的。当然了，因为少乙目前的年龄还小，可能还体会不到这一点。作为家长来讲，从我的认知来讲，这件事情的意义是很大的。

当然少乙在这一过程中的烦恼困惑，这种负面的体验也是非常真实的，我特别理解，所以今天探讨这个话题，也是一种父子之间的对话，特别有意义。这是《对话少年》心声真实的表达。

我也感谢邹校长提出了一个非常好的话题。少乙，我对这个话题就做一个补充，你看看你有什么想说的。如果没有的话，咱们就请下面一位校长提问。

李少乙：

我再说一说，简单讲两句。因为每次提到这件事情的时候，多多少少我心里是有情绪的，不管什么时候再提到这件事情，等我长大了再提到这件事情，我都会有这方面的一些负面的记忆，然后导致我这个情绪可能会有些不稳定。

我当时确实因为这件事情很气愤，认为这件事情就是错误的。但我在多次表达之后，发现这件事情可能并没有之前在阿青寺的时候想象的恶劣，心中的情绪也会平复一些。刚才听了李校长的一些解答，我也是重新调整自己的情绪，准备后面的一些问题。所以家长在和孩子沟通的时候，可以多采用像刚才李校长和我沟通那样的方式理解孩子、让孩子多说话、多表达情绪、从多方面体谅孩子。这是我对这件事情的总结。

有请下一位校长。

张玉萍老师：

李校长好，少乙好。我来说一下，我有两个男孩，老大是刚满13周岁，老二5周岁。现在老大上初一，上次刘学校长也说了，他是一个月回家一次，我们每周有两晚接他回家。我认为在接送的过程中，可以对他情绪进行疏导，如果孩子有什么压力的话，可以让孩子也释放一下他的压力。

但现在面临着这样一个问题，才这么大年龄的孩子，他就对异性比较感兴趣了。我们家老大在这一学期和我说现在对异性比较感兴趣。作为80后的家长，我还是比较开明的，就和他说是很正常的，但是有的时候也会多多少少有些担心。我就想问一下少乙，孩子在13周岁的年龄阶段，如果对异性感兴趣，你们心里的想法是什么？

第二个问题就是现在网上会经常出现一些校园暴力，我对此还是比较担心的，每周想尽办法来接他。每次我都会问他："你在学校里面，孩子之间有没有打架？打架之后孩子们有没有不敢表达？"但是孩子给我传递的信息里，他在学校里边很好，没有被欺负。我经常会说："你要是被欺负了，你千万要告诉老师，或者告诉家长，千万不能憋在心里边不说，你回到家之后要及时和妈妈沟通。"

第三个问题是关于老二，他现在是 5 周岁，在这么一个年龄阶段，有的时候我们要求他做一个最真实的自己，不在意别人的眼光或者言语，但有的时候我就觉得在这方面不知道如何引导。比如前一段时间，老师在和我沟通交流时说我们家孩子老是实话实说，有什么话都说出来，不考虑别人的感受。举个例子，他看到别的班级有一个小朋友长得不是很好看，别的孩子都不会说，但我们家孩子就会走过去和人家说，你长得真难看。老师就不愿意了，就把他叫过来，说你长得真难看，你的眼睛长得真难看，孩子就哭了。有的时候童言无忌，要让孩子顾及别人的感受，在这方面我们应该如何引导，有时候真的是很难。少乙，我就这三个问题，请你帮忙解答一下，谢谢。

李少乙：

第一个问题是大儿子 13 岁，在学校里对异性很感兴趣，回到家里也和自己家长说，对异性很感兴趣，我认为这很正常。

一个正常人不管多大，有人到老了，他都对异性感兴趣。古代的人，比如像曹操就对异性感兴趣，这件事情很正常，因为每个孩子都有青春期，如果这个孩子一直不进入青春期，他一直是小孩，很幼稚的小孩，那么他永远长不大，他永远无法跨出自己成熟的那一步。

所以说关于这件事情，家长应该正面地引导，每个人都有这么一个青春期，这个时候就应该正确地对他进行引导。青春期的时候，孩子会对异性产生兴趣，但是要保持自己的内心，不能被这方面所影响，要好好学习。这件事情作为家长确实应该引导，但也不要顾虑太多，因为每个男孩、每个女孩都有青春期。张玉萍老师您也是过来人，也有过青春期，您是知道当时自己心里是怎么想的，我认为可以适当地引导孩子，更多是鼓励他，让他自己消化这方面的东西。

第二个问题是关于学校暴力，很担心自己孩子在学校被别人欺负，每周接回家两天，看到自己的孩子才能有安全感。这方面我是有过经验的，我刚到美国的时候，因为去的是一个公立学校，华人很少。但是在那边，西方人他们很不喜欢亚洲人，尤其是中国人。他们觉得中国人每一个人都有钱，家庭条件又好，来他们学校学习，成绩第一，他们什么都比不过，拼家产拼不过，拼学习拼不过，他们就会敌视我们亚洲黄种人，尤其是中国人。我当时在那儿也被他们欺负，他们言语上有些对华人的侮辱。我当时听了就很气愤，非常生气，很想上去打他们，但他们人多，我一个人也打不过他们，而且在那边一旦产生了冲突，我作为一个外国学生也不好处理。

当时我的选择可能和别的孩子不一样，有些孩子可能会选择憋在心里不说，当时我找到了学校管理部门的老师，和他们讲这件事情，说有几个我不认识的学生经常在放学的时候对我进行种族歧视。

我当时认为这件事情确实需要解决，如果不解决，作为一所学校就不应该成立了。现在是和平的时代，你说哪所学校，如果出现了种族歧视，那这个学还能上吗？根本就没得上。如果这所学校解决不了这方面的问题，当时我和家长说，我们就不上这所学校了。什么破学校，连种族歧视的问题都解决不了。

当时学校也联系了我爸和我妈，他们当时也是非常气愤，说直接要找学校的校长，如果不解决这件事情，我们就退学，我们搬到一个半中国学校，就是有华人的学校。这是我当时的做法。

但是我最后的选择是什么？可能说出来大家会很惊讶。我当时的选择其实是很不同的。我说既然出现了这么一件事情，我需要克服这方面的困难，我需要面对。当时我和我爸妈说"我选择留下"，我没有选择转到一个中英双语的学校，我就继续停留在了那个公立学校里面接着上学。

我想既然遇到了这方面的困难，就要勇敢地面对它、解决它。如果逃避了，换到另外一所学校，虽然说那边中国学生多，不会被欺负，每当提到这件事情的时候我都有心理阴影，我没有把这件事情解决好，是很不正确的。我当时选择了留下，和父母也爆发了很多的冲突，尤其是和我的妈妈爆发了一次很大的冲突。

刚才张老师问的一个问题，就是关于学校暴力，孩子家长是不是应该表现得激进一点儿，我认为是错误的，不应该表现得太紧张。孩子面对这件事情，需要家长当面解决，但家长不应该把主动权掌握在自己手里，应该让自己的小孩面对这件事情，毕竟是他们遇到的困难，他们应该面对。

作为家长更应该支持他们，和他们说，如果你一旦被欺负了，你可以找我，我带你找到老师，让老师带着欺负你的学生当面和解，和解不了的，我们就再往上一层找，找到校长，还是解决不了，这个学也别上了，这学校也不行了。

我接着说刚才我那个例子，我们当时是找到学校的老师正面解决了这个问题，已经解决了，但我爸爸妈妈还是要求我转学。我就和他们说，我还是要坚持在这所学校把学上完，我不想做一个遇到困难就退缩的人，当时这是我的选择。

第三个问题忘了，麻烦再讲一下。

张玉萍老师：

我们家老二现在5周岁，他肯定是做真实的自己，但有的时候又要让他顾及别人的感受和别人的面子。这个时候家长觉着很矛盾，不知道如何引导。请少乙给解答一下。

李少乙：

我想起来了，刚才那个例子我也听了，你们家小孩说别的小孩儿长得不好看。关于这个问题，其实这个问题很好解决。他现在还小，他长大了之后自然就明白了，但是你一直让他这么保持最真实的自己，肯定是不可能的。

在大街上要是看到一个长得不好看的男人，他指着人家鼻子说你长得不好看，可能他们就受不了了。不是每一个人都在学校受过传统的教育，而刚才的那个男人有可能直接把你的孩子给打一顿。

所以对于这方面，家长可以试图启发一下孩子；这件事情确实你不应该这么说，你伤了人家小孩的心。你和孩子说，如果别人指着你的鼻子，说你长得不好看，你也会产生一些负面的情绪，是不是？这件事情是你做得不好，你应该反省一下。但毕竟他还是小，还没长大，所以这方面的事情也不要多想，正确地引导就行了，知道有些事情不能做就可以了。他是知道的，只要换位思考一下，想到别人的感受了，他估计以后就不做了。

当时老师也做得挺有意思，指着你的孩子说"你长得不好看"，那孩子当时就有些小情绪了，因为他哭了。为什么？因为那个老师指着他说他不好看。他应该能想到，自己指着别人说不好看的时候，别人是个什么样的感受，以后他就不会这么做了。

因为他毕竟还小，这种事情不算是很大的事情。如果他要是和你大儿子这么大，还这么做的话，他真的就是出现了点问题。所以您不用把这件事情当作很大的事情，他长大了自然就会明白。

张玉萍老师：

少乙，非常好，有的时候别人给你解答这个问题的时候，其实是特别简单，没有那么复杂，只是我们作为家长想得太多，顾虑和担心太多。其实孩子也没有我们想得那么软弱，好多事情孩子他自己完全能够处理，所以我们更多的是多给孩子鼓励和赞扬，正确的引导。

谢谢少乙。

柏小溪老师：

刚才我听见少乙说起来在美国上学的事情，我也是听完少乙的讲述，特别感动，也特别佩服少乙的勇气。我在这里也回应一下当时对这个事件的反应。实际上，当时我们刚到美国，我也是没有太多的安全感。当看到少乙在学校里被欺负的时候，我当时心里就特别难过，特别受不了。只要我一想起来，少乙在学校里随时可能都会被威胁，我心里就不安宁。

我就在想办法，当时因为李校长在国内，我就特别焦虑，我就找到很多人咨询这件事情怎么处理，这件事情怎么解决。当时也是问到 Lilly 教授，然后 Lilly 教授也是提议转学，转到一所华人比较多的学校。而且 Lilly 教授和学校校长也比较熟，他就能关注到我们家的孩子。

作为妈妈，就是不能让孩子受到伤害，绝对不能在学校被欺负，被欺负了以后，作为父母来说心里是非常难过的，所以就做了这么一个决定。当时我没和少乙商量，也没谈妥，也没有想到少乙自己有那么强大的面对困难的决心和勇气。

当时我只有一个想法，就是不能让孩子在那里受欺负。这件事情是我和 Lilly 教授商量的，实际上少乙当时是不知道的，我是找了他们校长的，找他们校长把这个事情说了，当时他们学校也很重视，因为美国学校是不愿意被别人说成有种族歧视的。我当时很气愤，就说转学，因为我已经决定了，我都给少乙办好转学的手续了。我们去学校找校长，坐下来谈的时候，当时也是 Lilly 教授翻译的，他们校长虽然听不懂我在讲什么，因为他从我的表情里边已经也看到了，看到了我特别不满意，所以他也很紧张，就担心我们把这件事情闹大或者是对外说。他说他们要把这件事情调查清楚以后，我们才能转学，不能说转就能转走。这是当时我坚决让李少乙转学的原因。

今天晚上听了少乙当时的真实心理反应，我对于少乙这种勇敢面对困难的智慧是非常佩服的。

在这方面，儿子你真的是太棒了，我是当时没有想到这一点，就是不想让你在学校受欺负。这是我当时内心一件非常焦虑的事情。当然回来和少乙沟通的时候，少乙坚决不同意转走，事实上我也不理解为什么少乙还在这所学校待着。当然，几番和少乙商谈后还是没谈妥，我也就尊重了少乙的意见，不转了。

实际上在当时那种情况下，所有的手续都办好了，包括那边学校接收的手续我都已经办好了。少乙当时是不知道的，等到这边学校一签字立马就可以走了。最后少乙不同意转学，我还是决定尊重了少乙的意见。当然这个事情对少乙的伤害是非常大的，我们俩起了非常大的冲突。我当时是非常强硬地就是让他转学，但最后没转成。

后来我又去了他的学校。因为决定要转走的时候，我去学校的态度很不好，当少乙决定不转走的时候，我想我就再去学校，得把这件事情做一个善后，再和他校长见个面，毕竟孩子没走，还在学校里面。然后我就又和校长面对面地谈了，我当时给校长说了一下，也表示了自己的歉意，描述了一下孩子对这所学校非常喜欢。当时校长、教导主任，还有班主任都在，他们听了以后就非常高兴。这件事情到了最后比较好地解决了。

后来少乙的状态就慢慢地越来越好了，我也就慢慢放下心了。这是我当时真实的内心感受。我就讲这么多，也谢谢少乙今天晚上把这件事情拿出来讲一下。实际上刚才少乙一提到美国上学受欺负的那些事，我的心还是颤抖了，我对这件事情还是有点担心，心里还是有阴影的。

当然今天晚上通过这么好的一次对话，我们彼此就把这件事情非常好地放下了，也解决了。所以你还要总结几句妈妈讲的话。

李少乙：

我刚才又听到了妈妈讲的，妈妈对当时事件的理解，我是重新感受了一下，因为这件事情我们也没有说过多少次，好像就在新生代说过一次。

其实这是第二次对这件事情的一个回顾，当时是我第一年去的时候发生的一件事情，当然那是我内心的想法，也是很强硬、很坚决的。这所学校出现了问题，我适应不了，适应的时候出现了问题，我就更不能当一个缩头乌龟。

如果我转到别的学校，虽然我能很好地适应，但终究我是被特殊关照的那一个，我其实很不愿意成为被特殊关照的，在美国，我和别人不一样。其实我挺喜欢自己接受挑战，自己面对这些困难。正因为有这些困难，才成就今天的我，成就我们的家庭。

之前我听很多人说我们家庭里每个人都很优秀，问到底是怎么做到的。他们说爸爸、妈妈很优秀，两个儿子很优秀，心柳也很优秀，都想问是怎么教育这三个孩子的，都没看见我们爆发过什么冲突，其实像这种冲突爆发过很多次。但是正因为我们有这些冲突，才让我们的感情更加深一步。

之所以我有了这方面的挑战，后来到美国东部的时候，我才能更快适应，我比那些刚来的中国学生能更快地适应美国的环境，和那边的小孩共处。因为我已经有过这方面的经验，我知道如何和他们打交道、如何社交，这才成就了今天的我。如果当初我没有战胜那个挑战，我今天也不会在这里给大家分享。我也没有资格，我就分享这么多。

李绵军校长：

这一番对话非常精彩，这都是李少乙切身的经历、真实的体验、真实的感受。我相信每一位在场的校长听了之后都很有触动，这是一场非常有力量的对话。力量就来自真实的体验。李少乙今年才16岁，在美国发生这件事情的时候，他还不到12岁。他这样一个不到12岁的少年，就可以在异国他乡独立面对这件事情，这给我们家长很深的思考。

孩子内心世界是非常丰富的，我们只要相信孩子，他是有能力处理一切的。当然孩子也要和家长沟通，我认为给我们带来的启发就是一定要相信孩子，他是一个活生生的灵魂，活生生的一个人，他有他的想法，他有他的思考，他有他的应对策略。实际上一个不到 12 岁的孩子面对这样一个种族歧视的大问题，在美国遇到这样事情，那是全社会都关注的。

很多留学生到了国外都遇到过这样的问题，包括 Lilly 教授刚到美国时候也遇到了很多这样的问题。Lilly 教授在美国也是呼吁全社会来关注这个问题，少乙的体验也是一个留学生真实的体验。正是有了这样的体验，孩子在这样不断的经历中才能经得起各种碰撞，才能不断地成长。

你看现在少乙 16 岁了，他在回忆这一段的时候，就非常智慧勇敢，非常有力量，这就是宝贵的人生体会。作为家长的我们一定要勇敢地放手，相信孩子一定是有能力面对这个世界，因为相信孩子都是独立的一个灵魂，一定要看到这一点。少乙不到 12 岁到了美国，体验了美国这样的一个公立学校，然后又到了私立学校，然后又经历了疫情，坐飞机回到了中国，然后又上网课，现在又回到了中国这样的一个国际学校去读书，两年以后还要去国外读大学。实际上，他也经历了很多波折，但恰恰是这样丰富的经历成就了他的人生。

其实一个孩子经历得越多，一个人经历得越多，潜力被挖掘得就越多，他这种多元的感受就会越多。我也经常给李少乙讲，我说千万不要感觉这是挫折，实际上这是丰富的体验，从生命体验角度这是非常有意义的。我认为我们可以换一个视角来看待这个问题。

我们今天是 3 位校长进行了对话，原来计划是 6 位校长，还剩另外的 4 位校长。因为孩子都是在青春期到大学这个阶段，我想下一次咱们专门探讨青春期的话题，下一次请 4 位今天没有对话的校长，麻烦你们继续探讨。

这次对话快一个半小时了，因为这样的对话非常耗能量，所以我们每次就计划一个半小时左右。下面我们就做一个总结，请 3 位提问的校长做一个总结，说一下今天对话的感受，然后李少乙做一个总结，今天就结束了。下面我们请张文华校长先开始。

张文华校长：

刚才听了后面两位家长的提问以及李少乙的解答，我自己都感觉特别有力量。我们家长担心和焦虑，表面上来说确确实实是可以理解的，但是随着孩子的年龄的增长，他内心的能量和力量，包括他在社会上的见识和阅历也在不断地增长。而我们家长的内心还一直停留在孩子小时候的一种状态。我认为这样孩子不仅收不到我们的能量和力量，反而会觉得我们家长在拖他们的后腿，同时也会感觉到似乎在消耗他们的能量。

所以，今天通过少乙的回答，我确实感受到这一点。我们要相信孩子，无论在哪里，孩子他会对他自己的生命负责任，也会通过他自己的经历不断地成长。遇到的事情，对他自己也是一个非常好的磨炼和历练。今天特别感谢少乙，感谢校长，也感谢所有神墨的家人。

邹靖校长：

我今天晚上确实有收获。实际上作为父母来讲，非常欠缺和孩子之间关于孩子感受的这种沟通，我们真的很少静下心来听听孩子们的内心感受。这一点是这件事情给我触动非常大的。

实际上对于家长和孩子之间的感情，我认为我是很欠缺的，我们大多数情况下还是在用领导的身份做这件事情，而不是真正用心感受孩子的感受。我认为今天晚上的收获非常大。我今天就可以尝试着用感受的方式和孩子进行交流互动的对话。感谢少乙。

张玉萍老师：

今晚上听完少乙的解答，认为自己的一些担心和顾虑是基于自己的不安全感，然后投射到孩子身上，让我产生这样一种感受。

另外，孩子的所有经历应该都是他人生的宝贵经验，不要过多地担心孩子受苦或者是挫折，将来这些都会成为他的一笔财富。感谢校长。

李少乙：

我今天一共是和三位校长进行了对话，基本上每个人都大概讲了自己的一些事情。

之所以我今天能把之前发生在我身上的事情和大家分享，是因为永远有家长在背后的支持。我今天能够把这些私人的事情、很有情绪的事情分享给大家，都是因为我的父母特别理解我、体谅我。当我说出这些事情，表达出自己对父母不满的时候，他们并没有对孩子生气，而是体谅孩子，支持孩子表达当时的想法、当初的情绪。所以今天我才有勇气把这些事情说出来。

换句话说，如果换作别的家长，遇到一些事情可能就批评孩子，很恶劣地对待孩子，这样孩子是不可能把这些事情讲给家长听的。这也是很多家长今天问了很多关于这方面顾虑问题的原因。孩子遇到困难，不给家长说，为什么？最大的原因就是家长不理解、不支持孩子。我就是一个很好的例子。今天我给大家说了这么多这些事情，都是因为有李校长和柏老师对我的支持。

同样，如果孩子不理解家长、不支持家长的话，家长也无法把自己的能量发挥出来。之所以我妈妈柏老师能成为家庭管理理念的老师，也离不开我、我哥和心柳对老妈的支持和理解。如果我们不支持我妈妈，处处都反对她，也不能说这个家庭是一个成功的家庭。

所以，我今天最后想表达的就是每个家庭都需要家长和孩子互相包容和支持。只有这样的家庭才能真正成为一个合格的家庭、优秀的家庭。

李绵军校长：

今天的对话特别真实，有力量。你看李少乙只是一个 16 岁的孩子，这样一位少年，有这样的感受，这就是他内心真实的声音，是需要各位家长认真聆听的，我想一定会给大家带来启发。

下周三继续开展这样的对话，主要探讨青春期的心声，就是孩子在青春期的感受和体验。下周的对话，韦明善校长、张入鉴校长、刘彩虹校长、彭芳校长，你们四位负责和少乙对话，也欢迎更多的校长们一起来旁听，这样很有意义。今天我们就到这里，感谢大家的参与，下周三再见。

青春期教育包括心理变化和生理变化。孩子处于青春期时，家长要给孩子足够的信心和鼓励，让孩子自己面对应该面对的问题，而不是家长一味地给孩子铺好道路。孩子的健康成长需要双方合力，家长在与孩子的交流中要不断地修正自己的教育方法和提高教育能力，形成高质量的合力，这样的合作才会有生命力。

第三期　孩子青春期的内心世界

李绵军校长：

各位校长大家好，今天我们继续少年心声的对话，还是由李少乙与大家互动。今天还邀请了朱育莹——朱广伟校长的女儿，一起和大家互动，谈一谈青春期话题。今天我们邀请了四位校长，先由韦明善校长提问，由李少乙说一说，然后大家就青春期这个话题开始提问题。

李少乙：

大家好，我是神墨新生代互助成长联盟的李少乙。我们今年新生代和去年一样，在暑假举行对话，目前已经举办三天，也做了很多活动。如果大家想要具体了解，可以关注我们的公众号。目前我们也做了几天的对话，可以给大家分享、学习，大家都可以参考公众号上的信息。因为现在还有一些不认识我的校长，我重新再简单地介绍一下自己。我出生在北京海淀，祖籍是山东临沂，我在北京读小学一直读到五年级，六年级到美国读初中，然后在加州读完初中后，又到美国东部波士顿读高中，读了大概半年的时间，因为去年疫情回到中国，在家上了一年网课。今年也决定选择北京一家国际学校继续完成我高中的学业。今天我们谈青春期这个话题，我的青春期基本上是在美国度过的，从 12 岁到 16 岁这四年时间都是在美国。其他的我先不多说了，我们进入主题。关于今天我们的特邀嘉宾朱育莹是河南朱广伟校长和张喜兰校长的女儿，她也是我们新生代成长联盟的一员。我今天特别邀请她来做我的对话嘉宾。下面我们正式开始对话话题。

李绵军校长：

下面我们先邀请韦明善校长互动。

韦明善校长：

李校长、少乙、育莹以及各位校长，大家晚上好。前两期我也听了大家的对话，关于对青少年的一些做法，关于不控制孩子及其行为，我在这里想提个问题。我儿子在初二左右就开始谈恋爱了，虽然我们不确定到底是不是，但是他和那个女同学关系挺好。当时他的班主任也和我们反馈孩子的这些行为，但我们作为家长没有揭穿他，也没有责备他。他和这个女孩子交往有 6 年时间，基本没有影响到他的学习成绩，后面两个人就分手了。大学时他又和另外一个女孩子交往，不到一年好像又分手了。现在这个阶段，因为疫情他在家里待了一段时间。他天天在家，他妈妈让他出去玩，他也不想出去玩。在后面的一段时间，他认识了一个女孩，那个女孩刚刚高中毕业，考的是柳州当地一所大专，我儿子是在北京上学。现在我的担心和忧虑是他们两个在不同的地方，他们之间会不会有差距，距离以后对他们的相处或未来会不会有影响，如婚姻等。

李少乙：

上一期我记得是张文华校长问过类似的一个问题，她的女儿正在谈一个男朋友，但女儿要去英国留学，两个人的感情可能会因此而疏远。在这里我想和韦明善校长说，这些都是孩子的选择。这个时代变化很快，有很多事情是跟着时代走的，很多东西 70 后、80 后校长和家长都不太适应。在现在的年轻人看来，异地恋是完全可以接受的，双方都可以接受，这是年轻人做的选择。我可以举一个例子，请韦校长听一听。不知道你还记不记得，在我们那次面试时，你在最后问了一些问题，包括对孩子的一些顾虑。当时你说能不能给我们提一个意见，我说可以。你说朱育莹的头发太乱了，没整理好，然后指了旁边的李嘉怡说像她那样的发型就很好，看着很舒服，后来我们还讨论了一下。李校长和我们说，之所以韦校长有这样的想法，是因为我们是两个时代的人。可能在韦明善校长那个年代，大家都是寸头，板板正正的，西装领带，像书生一样。但是，现在就是很流行这样，像朱育莹留的发型，或者我们现在追星也好，是现在流行的东西，就像你们当时追刘德华一样，是时代变更促使我们现在的年轻人有一些想法。关于你的孩子谈女朋友又分开这件事，你要相信自己的孩子，他能做好选择，要信任他。

韦明善校长：

好的，还有一个问题，我想问。现在我儿子这个女朋友是大专生，大学本科也没有考上，但是她喜欢上比她学历好、比她优秀的人，在我们这一代人的观念里，这种情况下女孩子可能会有些自卑。那么现在你们新生代女孩子会有这样的想法吗？

李少乙：

这个问题问得挺好，毕竟我是一个男生，今天我们请到了嘉宾朱育莹，可以让朱育莹来解答一下。她作为一个女生，也是我们新生代一员，让她回答一下韦明善校长的问题。

朱育莹：

我认为那个女生现在在读大专，年龄可能比较小。单纯用学历来评判一个人是不全面的，不管她读大专还是读一本、二本，还可以看看她的价值观是怎样的，她是不是积极向上。因为我不确定他们现在具体的交往方式或交往程度，他们在交往期间彼此肯定会加深了解，如果确实两个人之间存在差距，他们自己是可以意识到的。我认为家长要相信孩子，在谈恋爱这个问题上，他们也是在体验、在学习感情的发展，学习感情上更多的东西。因为不管我们上什么学校，在从小到大的教育过程中，没有一门课程是教你如何真正发展情感的。家长要相信孩子，在这个过程中，他不仅是在体验，也是在互相成长，他自己可以做当下他觉得值得或正确的选择。

韦明善校长：

因为时代不一样，我们这个时代的人对你们的想法不太了解，只能用我们认知层面的观点了解孩子。通过你这些话，我们确实也知道每个时代的人都有不同的想法。我其实比较担心的是，因为受传统观念影响，包括父母的影响，我们这边的观念是两个人在一起，如果门不当户不对，可能会受家庭影响，进而让他们的情感会出现状况。

朱育莹：

现在这个时代，年轻人的想法不一样了，不是谈一段恋爱就一定会结婚的。在恋爱或者在情感交流过程中，结果虽然很重要，如果能够走到婚姻，那是一件很好的事情，但是我们没有办法保证它到底是如何发展的，在这个过程中我们可以学习到很多东西，我认为可以往积极的方向思考。

韦明善校长：

还有一个问题，他谈的每个女朋友都不喜欢带回来。为什么他不喜欢带回来？我们想了解一下你们内心的想法。为什么他不喜欢带对方回家，他从各方面还没认可吗？

朱育莹：

我个人的想法是可能还没有到时候，在我印象中带回去见家长是比较正式的一件事情。

韦明善校长：

对，也有可能。因为我们和他说的时候，他总说还没到时候，到时候我会带回来，其他也没有什么了。我没有其他问题了，谢谢少乙。

李绵军校长：

韦校长，你这个问题我谈谈我的看法，因为咱们年龄差不多，你的孩子比我的孩子大几岁。我听哪个心理学专家说过，在国外没有"早恋"这个词，这是中国定义的。青春期的孩子，如果男孩、女孩互相爱慕，我们就觉得他恋爱了，父母就开始管控，管控的原因就是怕他影响学习。如果用中国观点来说，你的孩子就是早恋。

早恋这个观念实际是家长的一个误区，男孩、女孩有情感流动，互相爱慕，这不是很正常的吗？如果说我们非要制止它，非要控制它，我认为对孩子伤害很大。关于早恋这个问题，你没有控制孩子，做得非常好。你问的第二个问题，包括孩子带着女孩见家长，还有学历问题，这些都是非常传统的观念。如果用一个词来讲，这都是"老八板"，过去对封建思想的一种描绘，总结就叫"老八板"，你这个思想我认为是"老八板"。你的孩子才20多岁，你就想着他结婚，现在的男孩、女孩结婚普遍很晚，二十八九岁结婚都是早的，像北京这边年轻人结婚都很晚。你儿子在北京接受高等教育，他的思想观念和我们不一样，这些问题全都是我们自己在胡思乱想，包括对孩子婚恋的担忧。如果他有婚姻姻缘，你打也打不断；如果他没有婚姻的姻缘，硬捏也捏不到一起去。另外，咱们在做心智沟通，人和人能够匹配，不是由学历、外貌等决定，是他内心的心智模式所决定的。咱们是做教育的，懂得太多了，懂得心智沟通，所以就担心太多——对方的父母怎么样、会不会对孩子有影响，想得太多。实际上这些根本不是孩子要过的生活，包括上一期几位家长问的问题，根本不是孩子的问题，是家长在担忧，家长在胡思乱想，家长胡思乱想之后把这些问题放在孩子身上。你提这个问题，我听了之后的感觉是，你根本就不需要想这个问题。你如果反复想这个问题，第一，这是自寻烦恼；第二，给孩子也会带来烦恼。这个女孩这么年轻，将来两人会是什么样子，都是未知数。我们要学会放手，当孩子成长到一定程度时，我们家长的心理要跟着变化。孩子小时候，我们有顾虑、担忧，那是因为孩子小；孩子长大了，家长就要把这个顾虑、担忧拿掉，要改变，在潜意识里转换思维，要自我暗示，孩子应该单飞了。我们要相信他们，要强化这个概念，能量场就会变。

下面请第二位校长，请张入鉴校长和少乙互动。

张入鉴校长：

大家好，我是张入鉴，是寇晋荣的妈妈。寇晋荣今年已经19岁了，我有一个困惑，因为在他上小学的时候，我那时因为工作比较忙，同时我自己的原生家庭的创伤还没有被疗愈，没有被看见，所以在他读小学那段期间，我会有一些极端情绪，甚至打他屁股或者和他发火，给他造成了很大伤害。之后他大概到了高一的时候，我开始学心理学，自己也做了疗愈，也给他做一些疗愈。当我被疗愈以后我觉得很愧疚。比如当他和爸爸两个人发生争执，他就哭鼻子，感觉他好像内心力量不是很足，可能和我过往对他的创伤有很大关系。他现在已经 19 岁了。我想问少乙，你认为作为妈妈我可以再做些什么，让两个人的关系更好，或者说能够增加他的内在力量。我周围很多做公益的伙伴，因为他经常和我一起出去做公益，大家都说，你们家寇晋荣太单纯、太简单了，不像别的孩子有这样或那样的想法，大家都觉得他太单纯。是不是对他的严厉要求加上他的单纯，让这个孩子可能有时不会像别的孩子一样有主见，或者总是把自己过往的一些创伤埋在心里，用眼泪来表达？他有时候一些事情说说就不说了，接着就哭鼻子，哭完就算了，就是这样。所以我不知道面对一个 19 岁的孩子，我作为妈妈、作为家长，还能再做些什么。

李少乙：

寇晋荣的问题是，儿童时代，家长经常打他或者不尊重他、批评他，导致他变成了一个很单纯、比较天真、爱哭、很脆弱的人。你的问题就是怎样修复母子之间的关系？

张入鉴校长：

是的，像他那么大的孩子，这时候我还能做些什么？我现在还挺内疚的。

李少乙：

我认为今天能把这件事情说出来，就已经是母子之间的修复了。因为他现在也在听，既然今天把儿时的一些回忆讲出来，已经慢慢在弥补你们母子的关系了。怎样在后期接着修复这样的关系，可以多和寇晋荣进行对话沟通，因为自从他加入新生代以来，他很活泼，在我们群体里非常爱说话，喜欢开玩笑，喜欢和大家一起娱乐，他在我们这里并没有展现很脆弱的这一面，我也没有看到这一面，他是一个积极的人。所以我可以给你几个建议：多和他沟通，我们新生代陆续会发出家庭对话项目，去年也做过，大家可以听听录音，等更多新生代成员回归到我们这里来，我们就要开始了。这是给你们母子一个很好的机会，或者给你们全家一个很好的机会，修复之前的一些创伤。在这期间情感会流动，能量会互相穿插，大家都会感到自己身上的能量在不停上升。沟通和对话是很重要的，因为当代家长和孩子基本不沟通，家长不尊重孩子，还胡乱安排，让孩子做不想做的事情，而孩子也不尊重家长，经常辱骂家长、批判家长，还经常比较，比如说"你看你的妈妈多好，大家看看我的妈妈"，这就是很真实的当代年轻人和70后、80后家长的关系，互相都不尊重。可以参考一下我的家庭，或者我们其他新生代家庭，比如像孙虎博的家庭、朱育莹的家庭，还有李嘉怡的家庭，这些家庭都很尊重彼此，家长尊重孩子，孩子尊重家长，我们也经常会对话，有些事情做得不开心，或者令对方不满意，我们都会讲出来，这样大家都好沟通。所以说沟通是修复家庭感情的最好桥梁，这是我给张校长的建议。您还有其他问题吗？

张入鉴校长：

因为他已经19岁了，他的性格有一部分像他爸爸，包容力比较强，有时候我会和他沟通小时候伤害他的事情。后来我学心理学，知道有的东西是潜意识层面的，可能他觉得好像妈妈很爱我，妈妈为我做这做那，有的东西他隐藏起来并不表达。我也和他沟通过，我也想借助一些心理学课程，比如梁凯文的课等，让他学一两种心理学课程，学习过程中希望能够把他潜意识里的东西挖掘出来。我现在和他聊一些东西，好像就是浮于表面，他会说妈妈很爱我，妈妈对我很好，或者看到妈妈的辛苦，但我还是希望他能够把内在的很多东西疗愈了，像你们、李校长和柏老师是真正的好，我现在感觉到他对我们的一些部分还有被压抑或者他包容我们的部分。孩子很能忍耐，他不吭声一直自己忍着，但我个人知道这样对他不好，所以我希望他能学一些心理学课程，对他的潜意识有更多挖掘，对他有更多帮助，这是我的想法。还有刚才我听你说，接下来也会有家庭对话，我觉得特别好，这也是我们非常需要的，能够以家庭为单位走得更深一点，毕竟他是已经成年的孩子，所以也希望能够通过这样的方式挖得更深，大家有更深的联结，而不是表面上他觉得爸爸、妈妈很爱他，或者我们也很爱他这种感觉。

李少乙：

我再说一点，关于修复情感这方面，因为他毕竟现在已经成人了，不能再回到过去，也很难要他立刻表达出来，因为那是他伤心或者难过的东西，这时候需要慢慢来，不要着急，就像张校长刚才说的，经常会送寇晋荣去学习，和一些心理治疗师沟通。如果他喜欢，就可以这样做，但基于这几天我对他的了解，我认为他可能不太喜欢这方面，不喜欢与他们沟通，他比较需要与很多朋友在一起，那样才能激发出他自己内心的一些想法，才能真正打开他的内心，让别人感受他，他也可以感受别人，从而提升自己的能量，还能带动别人。如果回去之后和他沟通，他如果不喜欢参加心理课程，就不要再勉强孩子，家长需要尊重孩子，那样才能让孩子真正尊重家长。

他来参加我们新生代联盟的活动，当时你们肯定是尊重他，他肯定也愿意，不然他是不可能参加的。如果他不愿意，你们强硬把他送过来，他绝对不是现在这种状态。所以还是要和他沟通，尊重他，只有他感觉得到了尊重，才能尊重你们。

张入鉴校长：

少乙，你刚刚抓的一点很对，这个孩子是人群中的孩子，他很喜欢与人交流，喜欢在一起的相处模式，他不太喜欢一个人搞研发，一个人做些事情，他是一个在群体中闪光的孩子。你这一点抓得很准，的确是这样子，他喜欢和人沟通，喜欢和人合作，喜欢和大家一起做事情，这是他的一个特点。

李少乙：

因为我也不能太确定，我只和他相处了三天而已。仅仅活动三天，我只能说对于他这几天的表现进行一个初步的判断。所以在未来，他不喜欢一个人面对心理学家、心理师，我们可以完全尊重他的意见。我们新生代成员里面也有心理学家，我们有两位都是学心理专业的。而且我看他们和我们团队里的心理学家都相处得很好，他有什么问题，都及时和我们沟通了。有时候感觉到不舒服，心里不舒服，或者有些困难的时候，他都会和我们讲，我们也是尊重他的。至于如何修复，我刚才也讲了很多，需要慢慢对话沟通。未来的家庭对话，我希望你们也可以重视。不仅你们母子两人，再带上他的爸爸，三个人线上或者线下坐在一起，好好谈论或讨论一下。针对某个话题或者某些事情，都可以。因为在这种不断地宣泄自己的情绪和表达自己内心的时候，能量才真正会出来。上周对话的时候，我表达了很多我之前对父母不满的一些事情，不知道大家还记不记得。就因为我在表达那些事情的时候，能量出来了，情绪也出来了，最后我心灵有了一个提升。能量也源源不断从外界进入我的身体里。我现在也可以更加体谅父母，父母也可以更加体谅自己的孩子，从而我们也构成了一个很完美的家庭、很美好的家庭。

张入鉴校长：

你刚刚说的要一点一点地聊，我觉得非常好。的确也不能着急，因为有的东西并不确定，可能我们和他彼此都不知道，可能也需要有个过程的。谢谢少乙。

李绵军校长：

张老师这一部分我发表一下我的看法。我认为多沟通交流进行对话的方式也是最好的方法。刚才你在谈到这个问题的时候，我想到寇晋荣小时候，我也见过。这次来，我看到他很会表达，有热情、有爱心。确实像少乙观察的，他喜欢多人这样的交流，而且这个孩子非常正能量，你根本不用担心。你现在担心的只是你的担心，是你内心的思虑，并不是他的问题。你现在懂了心智沟通，又会回忆小时候你做了什么，给他种了什么种子，你再分析。这个分析不是没有意义，但是我认为这个东西是多余的，你的孩子很好。在我看来，这个孩子太优秀了，各方面都非常好，并且有思想。你看他喜欢人多的地方，而且他可能还喜欢政治这方面的话题。那天我和他聊天，如果请 10 个人吃饭，他请的 9 个还是 10 个都是政治家。我当时还说，你对政治方面很了解。每个孩子都有喜欢的事情。如果有问题，我们应该做心理咨询，应该疗愈，但你想这孩子这么小，他什么问题没有。所以一定要看到是我们在担心，不是孩子的问题，这是第一点。而且你说到了孩子哭等情况。你要从另外的角度正面地看，如果他有情绪，他掉眼泪的时候，说明他的情绪不压抑，他是一个很厉害的人。那天我和他对话的时候，我说你们可以去孤儿院或者老人院献爱心。寇晋荣第一个回应了，他说好呀，你看他非常有爱心。你要看到他的问题，也要换一个视角，要看他的优点。实际上，这个孩子的优点非常多，非常阳光，有思想，又向上，又有爱心，又有想法。你说的没有力量，那是你的视角，你要看到他所追求的东西，这个孩子有理想。他如果心里有他想要的目标，那就是他的力量。人和人不一样，我们不能用我们这一代人的标准来看孩子。那个标准是不合适的。他现在更需要的是盯住目标历练，也就是说孩子如果很有爱心，很有目标感，很有正向能量，发展兴趣的时候，我们根本就不用担心。张老师你在这点上，一定要看他正面的东西、积极的东西。还有一种方法，就是你和他讲你的心路历程，你是怎样追求自己的人生目标的，如何发展自己事业的，成长过程中遇到了哪些事情，你是怎样面对和处理的……包括你对自我的觉察，自己产生过哪些情绪，是如何产生的，如何处理的，对于这些经历，自己有怎样的感悟，等等。这些都可以让孩子加深对你的了解，在这个过程中对你和孩子都是一种疗愈，这些经历也会给孩子很多启发。总而言之，张老师你不用着急，我们以后也会安排这样的对话。

张入鉴校长：

好的，非常好。之前他在高中的时候，我和他聊过几次，就是我过往为什么会是这样子的？我讲了一些我的疗愈过程，我也讲了我的创伤能讲的部分，我大概给他讲了一下，他觉得很吃惊，也很惊讶。我个人认为他是比较开朗的孩子，总的来说这个孩子很阳光、很善良、很单纯。我认为他没有问题，更多的还是我自己的问题。我自己还是想从妈妈的角度给他更多的力量，给他更多的帮助。他没有什么问题，他本人是非常善良、非常积极向上的一个孩子。刚刚李校长说的我全都收到了。谢谢。

李绵军校长：

下面咱们就请刘彩虹老师和少乙对话。

刘彩虹老师：

大家好，少乙好。现在少乙是 16 岁，我感觉他正处于青春期。我们家两个孩子都已经过青春期了，我感觉父母的知识层面不够，各个方面没有认知，没有恰到好处地处理孩子青春期的问题。这也是家长现在要成长的一个方向，就是未来自己一定要成长，和孩子一起度过，特别在孩子需要的阶段。少乙，我就想问一下，你在青春期的时候有什么的事情让你非常难受和有情绪？我想听一下，对我来说应该同样是成长。

李少乙：

我之前应该讲过不少经历。比如去寺庙也好，在美国也好，还有好多，其实我都讲过。今天我要再想一想，看看还有没有什么别的，就是一些新的大家没有听过的故事。我刚才在脑海里面搜索了一下，可能我得再想一会儿，因为这件事情还没有太想到。要不彩虹阿姨先问个别的问题，我再想一想。

刘彩虹老师：

好的。虎子在青春期的时候特别平稳，比较理智，就这样在不知不觉中就过去了。那个时候感觉父母没有认知，青春期的孩子都这样，就这样不了了之了。但是虎博在青春期的时候情绪就非常不稳定，时好时坏的，我又不知道如何处理，我们就用比较极端和不科学的方法把他给纠正过来。

我们老想着要把他纠正过来，认为一切都是他的情绪不稳定、性格暴躁造成的。我们有时候直接和他对抗。自从加入你们联盟之后，我感觉父母真的是在不知不觉中犯了很多错误。现在对虎博，少乙你也是非常了解的。作为父母，过去的事情已经过去了。不过在新生代联盟这两年，虎博已经成长很多了，真的越来越成为我们父母想要的样子了。所以我感觉孩子也在成长，我们两个家长也要与时俱进成长。少乙，以你的眼光，我们如何在这个阶段和虎博一起创造有建设性的东西？有良好的这种东西存在，在家里面存在，我们互动起来，孩子或者家长的未来会更美好。

李少乙：

我太了解虎博了，从我大概 5 岁就认识他了。所谓是他看着我长大，我看着他长大，现在我俩都一样高了。我去年从美国回来，见到第一个除了家人之外的人，就是虎博。当时我记得很清楚，他在华联门口那儿站着，看到我之后，好像脸上带有微笑的，然后拍着我的肩膀说少乙来了，我当时就感觉不愧是我的好朋友。经历了去年一年的新生代活动之后，我和虎博的友情也好，情感也好，我们之间都有更多的沟通，大家都更加了解彼此。他更加了解我，我也更加了解他，大家都把自己内心的东西展现给彼此，大家都没有任何的隔阂。关于彩虹阿姨问的那个问题，就是如何让孩子之间、孩子和家长之间关系更好地完善，组建更好家庭。我认为现在仅从家庭来讲，彩虹阿姨的家庭在神墨里面能排得上前五位的，我是有证据的。比如在家庭里面，彩虹阿姨和孙校长沟通的时候，他就很放得开，不像其他社会上的家庭，小孩和家长都放不开，不太敢交流，不太敢沟通。我看虎博和彩虹阿姨交流的时候，很亲切。虽然说他们讲的甘谷话我听不懂，但是能感觉出来他们在交流中有莫名其妙的一种亲切感在里面。无论什么样的事情，虎博都会大胆地和彩虹阿姨说。还有他讲过很多小时候的事情，这个可能会对父母有一些偏见，对自己的长辈或者朋友有一些偏见，他都讲出来了，去年彩虹阿姨也都听到了。我觉得那一年的对话，虎博是最受益的一个。不论是他的讲话能力、总结能力，或者和家长之间的一个互动能力，以及情感流动方面，我认为他都很受益。

你看今年他发愤图强，很努力，每天都背单词，现在每天都听我们的录音，还有组建家庭对话，这都是积极良好的一些方面。作为家长，我认为你们应该给予他更多的支持。无论他以后做出什么样的选择，都应该作为最坚强的后盾在后面支持他。之前我从虎博口中得知，彩虹阿姨和孙校长之前不太尊重他，喜欢把一些事情个性化，自己处理，不让虎博来参加，这是做得不太好的一点。今年我明显感觉到有很大的提升，这里要给彩虹阿姨和孙校长鼓掌。因为你们的家庭现在也快赶上我们的家庭了，我们家庭也算是一个很美好的家庭。我希望彩虹阿姨在以后的生活中能够更加支持和理解虎博、孙校长和虎子，多和他们沟通，多进行家庭对话，可以让虎博和别人对话，或和自己家人对话，也包括彩虹阿姨和孙校长、虎子你们四个对话，这方面的情感流动会更好一些。所以我认为彩虹阿姨的家庭也是很成功的，以后更要加油，多和李校长和柏老师学习，让虎博来我们的新生代一起对话，多进行活动，多做社交。

刘彩虹老师：

太好了少乙，虽然你年纪轻轻，但你这番话让我内心里面感觉很轻松，而且未来也有了方向。

有志不在年龄大小。从开始我就莫名地非常喜欢你，而且挺崇拜你。我感觉以后生活上各个方面，包括孩子的成长上的事情，都需要和少乙多多交谈。所以我特别感谢少乙，也特别感谢校长。虎博在青春期，我们确实是没有科学地和孩子一起度过，真的不知不觉地犯了一些错误，但是这一年虎博在青少年联盟里面的成长，我感觉足以弥补，非常感谢。谢谢少乙，谢谢校长，谢谢大家。

李少乙：

感谢彩虹阿姨。我看虎博也在现场。虎博有没有什么想回应我或者回应彩虹阿姨的？

孙虎博：

刚刚听了我妈妈问的问题，还有你的回答，第一点我特别感动，也觉得特别真实。我妈妈也说了，在青春期，我确实不是一个很让人省心的孩子，那个时候确实也犯了很多错误，我脾气也没有现在这么好，我没有看清很多事情的本质，所以很多做法是不妥的。我在青春期的时候也有很多次顶撞家长，但现在回过头来看看，我认为很多事情其实是很有意义的。那段时间发生了很多事，我记忆深刻，让我成长了很多，包括很多经验教训，我现在都还是历历在目。就像少乙说的，过去一年我在新生代成长联盟里面成长了很多。第一，我自己很感激有这个机会可以和大家一起学习。第二，自己在这个联盟里面会把握每一次机会，每一次机会我都特别珍惜，特别认真地去做。所以这过去一年中，所有的事情我都有一种水到渠成的感觉。今天我也想谈一下我的计划，对我来说，我不会给自己设定一个上限，我要踏踏实实地做好每一天需要做的工作，每一天对于我来说都是新的一天，每一天都有机会创造一些东西，每一天都是有意义的。所以我加入我们大家庭之后，每天都做好自己该做的事情，每一天都要认认真真地过，这是我的态度。最后也很感激我的妈妈能够问出这样的问题，也很感激少乙，能够回答得这么棒，我内心其实是特别感动的，谢谢少乙。

李少乙：

虎博说得真好。不愧是我们新生代成长联盟去年成长的第一人，给虎博鼓鼓掌。这就是我们新生代培养出来的学员，也希望大家在今后的日子里可以更多关注我们新生代，如果有任何需求，随时和我们联系。刚才对于彩虹阿姨的第一个问题，就是关于想到自己的一些故事，青春期的一些故事，我想到了一个。今天我讲得可能稍微平淡一点，但也不是一件小事情。我那个时候刚五年级毕业，搬去美国的一年。最开始我是不想去美国的，因为我在中国的那时候才上小学。我很喜欢当时的学习状态，有朋友，有课外活动，我们去打球，去玩，办很多活动，大家在一起都很开心，而且有一个小学的圈子。到了美国之后，我感觉身边没有这么一个圈子了，当时就感觉很不开心，因为我是很需要有这么一个社交圈子的，有很多朋友大家在一起玩，我才会很开心，让我一个人处的话，我是不可能待很长时间的。那个时候我刚到美国，语言不通，虽然之前在中国做了一些英语的培训，小托福、托福都考过。那个时候我感觉每天上学就像混日子一样，还没有朋友，午餐也是一个人吃，回到家也没什么事情做，作业也不会写，真的就是每天混日子，很真实。当时我也和父母表达过很多不满的情绪，就是说我要回中国，我不想在这里待了，这里是个什么地方，还不如我在中国好好念完六年级，上初中、上高中，然后参加高考。当时我的情绪很不稳定，导致上课的时候也没有办法好好听讲，学习成绩也比较差，一直就在混日子。直到发生我被校园欺凌的那件事情，也是那一年，我在刚去的那年读六年级的下半学期，在这所学校被欺负了。当时解决完了这件事情之后，我就立志，我一定要克服在这所学校面临的各种困难，不管怎样，我不能当一个缩头乌龟，不能再这样混日子了。所以当时我就一直努力地融入当时美国的环境，了解他们美国的文化，参加他们的活动，比如美国童子军，学校的一些户外课外的活动，我都积极参加。这样更加了解他们美国人，美国小孩儿每天都在做什么，他们的独立教育到底建立在什么样的基础之上，和我们中国应试教育有什么区别，我在努力地克服种种困难。至于如何过渡的，我当时给自己定了很大的目标，就是绝对要在上高中之前适应美国的学习状态，我不能将我当时那个状态带到高中，因为一旦到了高中，我如果还在混日子的话，那是绝对不行的，我的学业就要废了。虽然说美国是独立教育，没有像中国这么重视，但是他们也是很重视学习的。当时我记得从七年级开始，我的成绩慢慢变好了，能更多融入他们的群体了。我当时也爆发过很多次情绪，因为融入进去很不简单，他们有时候会排斥我。我和父母之前讲过，我也和老师爆发了很多冲突，在班上的时候调皮捣蛋。我记得当时老师给家长写了很多邮件，父母也和我讲过，我和父母之间当时也爆发了很多的情绪，很不满。但到了最后结果是好的，我和父母还有老师经历过这种种磨难之后，最后八年级我终于顺利地毕业了，也真真正正地适应了美国的教育，包括教育理念和他们的文化以及环境。所以我九年级时读了一所独立高中，我能明显地察觉到，在美国待过三年公立学校和那些刚到美国读私立高中的留学生有一个很大的区别。无论融入美国学生的一个群体里面，还是学习，我融入的速度都比较快，因为这些都是我在初中那三年磨炼下来的基础和能力。这很契合我们新生代的几个价值观，训练自己能力，不断提高自己，来达到更高的成就，带动身边的人，让能量一起流动。

刘彩虹老师：

少乙刚才这样一番话，使我更加了解你了。在你青春期的时候我也见过你，和你接触过几次，你青春期那个时候是这样的，我看见了你努力的样子。你是一个比较有个性的孩子，我是比较了解的，你始终在调整自己的情绪和努力的样子，我特别能感受到这一点，其实今天可能所有的校长们都感觉少乙一个 16 岁的孩子竟如此优秀，优秀都是有原因的。少乙在青春期的时候，我能感觉到少乙虽然情绪不稳定，但一直是很努力、很向上的状态，这些促成了他今天的优秀。他给我们父母上了很好的一课。谢谢少乙。

李少乙：

谢谢彩虹阿姨。我还要再补充一点，就是彩虹阿姨说我这么优秀是有原因的，这很大一部分原因其实不是来自我自己，而是来自我的父母，李校长和柏老师。大家都认识，也都很了解，他们的能力是毋庸置疑的。在家庭里面可能多多少少会显得有点不太一样，我在美国读初中的那三年真真正正地锻炼了他们的能力，他们处理这些家庭事情的能力。因为李校长经常出差，一个月在中国，一个月在美国，所以大多数冲突我都是和妈妈爆发的，都是和柏老师爆发的。我们两个大吵过，也小吵过，吵过数十次，最后都圆满收场了。所以我还是要感谢爸爸和妈妈，当时他们给了我这么一个机会，让我去美国读书，我现在能感觉到他们的选择是对的。爸爸妈妈也收获了很多，在美国那几年他们学会了如何照顾家庭、照顾孩子。现在我妈妈也是位家庭理念管理大师，我也得向她学习。所以我认为我们共同成长，家长和孩子一起成长，这才是一个完美的家庭、优秀的家庭。希望在座的校长、同学和我们一起学习，希望在座的家长，还有孩子，也能创造出来像我们这样的一个美好的家庭。谢谢大家。

李绵军校长：

少乙讲得非常好，少乙刚才讲了他青春期在美国的情况，这一段我是非常了解的，因为刚去的时候，确实少乙对于美国的教育也不了解。因为他去的时候才 11 岁，语言确实有一个适应期，不仅这样的小留学生，即使那些大学生或者研究生，甚至博士生，到那里前三个月都是听不懂当地语言的，很多留学生我也问过，他们说在那里听了一段时间，时间长了就懂了。少乙是过了大半年，接近一年的时间，他懂了，他完全融入进去了。那么在听少乙讲的过程中，大家也应该能感受到，一个 11 岁的孩子就有了独立的思考。实际上他对他的生命是有思考的，他怎么样面对这样的一个生活。而且他听不懂，他也很着急，他对他的未来也有担忧，他也在想办法，在积极地进步，包括他和柏老师的争吵，那也是他的一个表现，他想求进步，在找方法。争吵是找不到方法的一个表现形式，是他着急的一种方式。我们在少乙身上应该看到了，每个孩子实际上对自己都是很负责的，家长更应该给平台、给鼓励，相信孩子，只要我们相信孩子，孩子一定是有出息的。那么就像少乙讲的，在美国生活那几年，几个孩子在美国读书，柏老师去陪读，陪读的过程中，柏老师有了非常大的变化，像少乙分析的一样，他妈妈的成长大家都是有目共睹的，她在美国接受了多元文化，而且要独立地生活，处理家庭、处理孩子上学的问题等。因为那时候我大多数时间都在中国，所以柏老师也成长了，孩子们也成长了，适应了多元文化，中西文化都了解了，我个人在这个过程中也成长了，在那样的困难情况下我们都有了非常大的成长。我也和少乙讲，要特别感恩那一段经历，现在疫情的原因，中国的学生要想再去美国留学就比较困难。少乙就经历五年的美国留学生涯，对他来讲就打开了一扇西方教育的窗户，他现在再回到中国，又是国际学校，中西教育又在碰撞，对他的成长是非常多元化的。我去年给他们讲，我说太感谢那一段了。如果我们不在那个时间点去读书，可能只能等到大学毕业以后再去读书了，或者说高中以后再去读书了，这样可能就会错失了一个机会。那一段我们遇到了坎坷，从正面的角度看非常有意义。

刘彩虹老师说的关于虎博的那些事，我谈三点。第一，刘彩虹老师说虎博成长非常大，现在看到了虎博成长为自己想要的样子。这句话里边我们要反思，孩子成长成我们想要的样子，这个到底是好还是不好？也就是说孩子如果活成了我们想要的样子，他有没有活成他想要的样子？所以作为父母应该学会放手，让孩子活成他自己，活成他想要的样子，这是成功的。彩虹老师要想一想，孩子不是为我们活的，我们要托举他，给他创造平台，鼓励他，他想做什么，鼓励他，活成他想要的样子。你看少乙在11岁的时候和他妈妈抗争，表面看是吵架，实际上他在为他争取权利，他想要的样子，转学还是不转学，他在表达他的声音，最后大家都尊重了他。他一个12岁的孩子，大家都尊重他，那你不转学，我们尊重你。实际上，他活成了他的样子。

少乙今天能够表达并且分析这些问题，是因为他活出了独立的自我，让虎博还有其他孩子拥有活出他自己的权利，要相信他。你看少乙11岁的时候就能够处理自己的问题，孩子是有能力的，你得相信，家长做的就是托举、支持、帮助，孩子在活成自己的过程中，我们是助推的、帮助的，所以还是要大胆地放手。表面看我们是放手了，实际上我们还是希望孩子成为我们希望的样子。孩子在乎父母，肯定会说父母让我这样，我就变成了这样。我们应该说，你想什么样我就给你支持。还有一点，孩子怎么样一定和家长的成长有关。无论过去孩子小的时候，我们是什么样的活法，那已经过去了，后悔、自责一点儿用没有，我们只能像虎博说的，活好每一天，活好未来，我们要好好地成长，我们好好地成长了，就是给孩子最好的榜样。家长成长永远不过时。即使孩子到了30岁、40岁，家长的改变都会深度地影响孩子的改变，也就是说如果我们希望孩子积极向上阳光，我们自己得绽放生命，活出自己，这样孩子自然就会效仿我们活出他们自己。我们把希望都寄托在孩子身上，孩子压力多大？他背负着父母的这种压力，我们活出自己，就是对孩子最好的价值。实际上，你看柏老师现在教学也好，家庭也好，我们都非常支持。后来我也明白这个道理了，柏老师活出她自己，孩子自然就活出自己。你看少元现在在云南，少乙在新生代主持活动，实际上他不就都在活出自己吗？你家长在活出自己，所以我们家长要成长，要活出积极的自我，然后生命要绽放，孩子自然就会跟上来，也就是从对孩子的担忧、寄托、希望中解放出来，好好活。这是分享给大家的。因为青春期这个问题，我今天可能多说一点，毕竟我年龄阅历在这个地方，我也配合李少乙多分享一点。

柏小溪老师：

我回应一下。首先我非常感谢李校长对我的支持，也特别感谢少乙。今天晚上我听见少乙对妈妈的认可和肯定，我心里特别感动，在美国那段经历对于我们——妈妈和你，都是很重要的回忆，也是很重要的成长经历。实际上，少元和我沟通得比较多，少乙和我发生的冲突是比较多的。自从从美国回来，我们家庭关系也好，母子关系也好，都开始慢慢地越来越好。自上次和少乙对话后，妈妈突然心就敞开了，特别是今天晚上，我和少乙之间，我们母子之间这种情感的交流是没有任何障碍的。上一期妈妈的对话，你哥哥正好在广西参与进来，你哥哥少元也表达了他和妈妈之间的情感是没有任何障碍的。我今天听见少乙这番话感觉心里特别敞亮，特别舒服，我和少乙之间美国那段经历今天已经打开来了，心里没有任何隔阂了。我和少乙之间的情感交流没有任何一点点障碍，特别也感谢少乙，少乙是这么一个优秀的孩子。

李绵军校长：

下面我们就请彭芳校长对话。

彭芳校长：

李校长好，大家好，少乙好。我有两个儿子，大儿子现在是 21 岁，小儿子现在是 14 岁，这两个孩子非常好，他们很有责任心、很善良。在他们成长的过程中，有个一直困惑我的问题，好像他们越长大，我和他们好像越没什么话说了。看到少乙和柏老师、李校长，包括彩虹老师，还有和他们家孩子们这种对话，我特别羡慕。他们以前小时候回来，学校里发生事情，他们会和我们说一说。现在他们越长大，就越不和我们说了，我们也不知道和他们聊什么。最近这一年我们和孩子只有一个共同的话题，晚上的时候大家一起看看书，看了书以后，大家分享一下今天看书以后有些什么收获。好像是除了这些，我们平常就没有深度的交流，或者自己的感受，或者其他某些方面。我感觉心与心之间的这种交流是非常欠缺的。我的问题对于我们家长来说，要怎么样走近孩子，让孩子愿意和我们交流，对于父母来讲，是特别希望能够和孩子有这样的一种交流。如果孩子不和我们交流，作为父母来讲，我们的内心是空虚的，同时我们也特别想了解他们的感觉，没有这样的对话，好像不能够真正地知道他们内心的思想和想法，这是我的第一个问题。第二个问题，因为前一段时间听了李校长和我们分享的对孩子的几个词语，感触最深的就是发现和托举，我没有发现孩子什么特别擅长的东西，他特别感兴趣的可能就是玩游戏。我们家的大儿子还好，喜欢骑行、打篮球，因为他现在大学毕业了，现在报了名去当兵，不知道能不能够当上，就是这样的过程。他的兴趣爱好，我比较能够接受。

我们家小儿子 14 岁，现在正在读初中，我发现他没有特别的兴趣和爱好。就是一段时间他喜欢打篮球，打一段时间说不喜欢了。原来我也送他学钢琴、架子鼓，但没有发现他有特别的兴趣和爱好，我也是特别期望能够培养他的兴趣和爱好，希望在他今后的人生，当他孤独的时候，也不会那么匮乏或者寂寞，这是我希望的吧。

李少乙：

我先回答第二个问题，这个问题讲完之后，第一个问题就变得很简单。第二个问题，小儿子现在没有兴趣爱好，没有自己喜欢做的事情。目前对青少年来讲这很正常，因为他们首要的目标就是学习。他需要这个目标，但不是只有一个目标，就不可以有别的兴趣爱好。你没事的时候可以和他聊聊天，问一下请 10 个人吃饭，你问他都想请谁，这也是我们新生代很传统的一个话题。你可以去问问他，我认为他可能会比较感兴趣的。在请吃饭的时候，比如说摆 10 个空座位、10 条空板凳，你就坐着和他说，今天我问你个问题，你看我身后有 10 条板凳，如果让你请中外古今任何人坐在板凳上和我们一起吃饭，一起共进晚餐，你邀请谁？这个时候你们母子之间的对话就开始了，他可能会说他感兴趣的人物、他感兴趣的方面和方向。我说的时候，我就说了很多各个领域的领导者、有志向的人，不管是学习也好，教育也好，军事也好，宗教也好，都是很厉害的领导者。这方面可能就反映了我对领导力这方面比较感兴趣。他可能会选择不一样的，他可能会选军事家、科学家、心理学家、地理学家……各个领域都有，这个时候你就可以关注一下他，分析一下看看他到底喜欢什么样的人，喜欢和什么样的人沟通，他也可能会选到一些比较亲近的人，比如像他的同学、自己的父母，甚至是自己的爷爷奶奶，还有一些亲戚，这个时候你们母子之间的感情就会不断地流动。这些小的对话，别看就是些小话题，吃饭、闲聊时的一些小工具，一些用来缓解压力的对话，但他内在储存的东西很多，不单是他会有收获，作为旁听者，作为家长都会有收获。当你听到他会请什么样的人吃饭时，你心里就会有些启发，我会请什么样的人吃饭呢？我想让他们来，为什么要请他们？比如我想问他们一个问题，会是什么？他们会怎样回答，自己心里都会有这样的启发？自己也会想一想，这些对自己会有帮助的。所以没事的时候您可以用一些小话题和他聊聊天，这是我给彭老师的第二个问题的建议。回到第一个话题，就是如何和孩子产生一些共同话题，刚才我讲的就是一个很好的例子。大家坐在一起对话，吃饭的时候就会觉得很放松，不是让大家坐在一个教室里面，然后老师来讲今天请 10 个人吃饭，大家会请谁。这就很板正，他就感觉像是上课。换一个比较放松的情景，在家里吃饭的时候，他就会感觉很放松，也比较放得开。还有一点，就是你刚刚所讲的你们一家人喜欢在一起看书，然后讨论，这就是一个很好的互动。你们可以引申，引申到对话小栏目，可以听像李校长的一些对话、一些录音、一些资料，都可以找一找，找大家共同感兴趣的一些东西，放在一起，听完之后大家轮流说一说对这个视频或者录音的感受。谈一谈，这也是促进家庭能量的活动。这些家庭对话很重要。我就讲这么多，还有别的问题吗？

彭芳校长：

少乙说得特别好，我好像一下子心里轻松了。刚才你讲的就是一个小话题，像请 10 个人吃饭。李校长和我们对话的时候，之前也问过这样的话题，但是我刚才突然有一种感受，我们太把孩子当孩子了，有时候想问孩子这些话，但会顾虑他们能懂吗？或者他们能说上来吗？或者是怎样感觉？我学到这么多东西，但是没有把它用在家庭里面，太遗憾了。刚才少乙和我讲的这些，包括我们看一个栏目，或者是看一本书，实际上都是可以和孩子进行对话的。我们以前一家人看个电影，也可以讨论。现在对于我来讲，我们家庭也是慢慢地越来越向好的方面发展，我也特别期望能够有这种家庭的对话，因为我之前脾气不好，受原生家庭的影响，包括自己的性格方面，对于两个孩子来讲，我的性格可能对他们多多少少会有一些伤害。特别是大儿子现在表现得特别乖，不是一个男孩子应该有的那种。我认为不应该是这样的一种感觉。对于他们来讲，我特别期望能够有这样的一个对话，我也特别希望能够和孩子有这样的一种关系修复。我就说这么多，谢谢。

李少乙：

我再讲两句，刚才讲的太把孩子当孩子，这点其实是一个认知偏差。李校长给我们讲课的时候，他其实没有把我们当孩子，他就是把我们当成我们，像一个对话栏目一样，我们作为嘉宾，李校长作为主持人，我们一起进行对话，大家是公平、平等的。李校长在和我们对话的时候，他不是一个高高在上的老师，我们也不是一个个低头的学生，没有说李校长就是一个父亲，我是一个儿子，他就应该比我大，他说的什么都是对的，我都该听……不是这样的。当父母更加了解孩子的时候，和孩子应该是平等的，跟孩子感受他们想要感受的东西，更加尊重他们，这样才会得到他们的认可。他们会觉得爸爸妈妈是可靠的、是可信的，他们才会把他们内心的想法讲给你们听。还有关于一些学习上的东西，听说彭校长二儿子上初中，他可能会面临着学习压力。我现在讲这个东西是这两天我学习来的，刚从新生代学习的东西。李校长讲过学习有几种渠道，第一种是爱国，国家所传输的爱国思想。第二种是从老师和家长那里得到支持。第三种是我们今天所进行的对话。第四种是传统的一些理念，比如像孔子、老子留下来的东西。第五种是社会实践。老师和爱国这两点，他们在学校里面已经接受很多了，不需要这方面的知识了，家长在家里就不要再重复灌输这方面的思想和知识了。他们缺少的是后面那三样——对话、传统教育、社会实践。他们需要更多的对话，让他们表达出自己内心。他们在教室里都是吸收知识，没有办法表达出去，他们需要的是一个可以表达自己、传输自己思想的这么一个空间。所以我觉得对话也好，和家长沟通也好，都是一个很好的渠道。像社会实践，现在的一些孩子普遍都缺少社会实践的能力。大家都比较喜欢暑假的时候宅在家里面，不喜欢出去，现在在中国的一些孩子需要去外面多实践多看。比如说我们新生代去游乐场玩，看电影、玩剧本杀，这都是社会实践。我们都会得到一些东西，一些高人传授下来的东西。李校长每次请一些名人给我们讲课，大家想听的都可以翻一翻录音，我们都有。所以我觉得中国的孩子更需要后面的三样，就是对话、传统教育以及社会实践。

彭芳校长：

我觉得特别好，最后这几点。确实我们有时候特别想重复国家层面对孩子的教育以及老师对孩子的教育，我们在不断地重复，但是站在孩子的视角来讲，这些东西他们已经听够了，要有一些不一样的东西，才能够真正地吸引到孩子。

李绵军校长：

实际上，青春期这个话题不好对话，但是我觉得今天探讨的话题非常精彩。下面咱们做最后的总结，几位对话的校长简单地说一说，今天对话对你的启发和收获。每个校长说一说，第一位是韦明善校长。

韦明善校长：

今天晚上听了少乙和大家进行的对话，我感受到的就是我们每个时代人都有每个时代人的思想，每个时代有每个时代的价值观，我们更多的是理解孩子，接纳、包容他们的想法，这样我们内心就不会感到纠结，更重要的是相信他们能够把握好自己。谢谢。

刘彩虹老师：

今天的三点对我启发特别大，第一点就是从少乙的优秀可以看出来，真的是有志不在年龄大小。第二点就是少乙说的让虎博在喜欢的事情上绽放，这一点我也记得了。第三点就是校长说的放手，对我启发特别大。我就这三点，谢谢。

彭芳校长：

今天感触特别大的就是不把孩子当成孩子，实际上从内心是对孩子的一种尊重，这是我的第一个收获。第二个就是无论是对孩子尊重也好，放手也好，还要从内心里接纳孩子、相信孩子，你越不相信他、越不放手，对于孩子来说，他的成长的机会就会更少。这两点对我的触动挺大的，谢谢。

李绵军校长：

感谢几位校长，少乙你做一下总结。

李少乙：

我最后做一下总结。首先我要感谢所有今天到场的嘉宾、校长，还有新生代的成员，大家都听了一个半小时的对话了，我也讲了很多理念的东西，有故事，也有举的小例子，大家可能听得比较累了，我就简单总结两句。第一点，关于青春期，我又重新回顾了一段我的青春期，我与父母产生争执的时候，包括我是怎样解决，最后怎样把这段经历发挥成我的一个强项，转换成能量。第二点，家长和孩子的沟通是极为重要的，家长需要更加尊重孩子，孩子也需要更加尊重家长，两者互相尊重，才能得到更好的东西，才能有心灵上的感触。所以我提倡在场的各位校长回去都要积极和孩子沟通，有这样一个对话的一个桥梁，我觉得每个家庭都会绽放，都会变成自己想要的样子。最后一点，针对刚才李校长、柏老师和我说的一些建议和一些想法，我肯定要在这里重新感谢一下他们，他们给予了我这么一个机会能够在大家面前发言，有这么个机会战胜我自己。现在我参加新生代也突破了很多，尝试了很多自己没有尝试的东西，也感谢新生代这个群体，感谢所有顾问、成员以及导师。我今天总结就这么多，再次感谢到场的所有嘉宾和老师，谢谢大家。

李绵军校长：

谢谢各位。咱们今天就到这里，下周三再见。

家庭关系是孩子出生后初次体验的人际关系。好的家庭关系对孩子的健康发展有巨大促进作用。如果家庭中父母关系不和，对孩子的冲击力特别大。在家庭关系中，孩子是家庭的希望，是一个家庭的未来。只有家庭和睦，孩子才能健康成长，父母要对孩子负责。

第四期　家庭关系对孩子的影响

李少乙：

大家好，这是神墨新生代对话《少年心声》的第四期。今天的主题是家庭关系对孩子的影响。今天有幸请到了木兰会的嘉宾作为主要提问者。我在这里会给出最客观、最有帮助性的解答，希望大家都能在我讲述的过程中有所收获、有所启发，也可以给自己的家庭或者孩子带来帮助。我先重新简单介绍一下自己。我叫李少乙，今年 16 岁。目前在中国读一所国际学校，我在小学五年级的时候，就到了美国加州读初中，读到了八年级，九年级去了美国波士顿，又读了一年高中，之后就回到了中国。因为疫情上了一年的网课，今年我也是顺利申请到了北京一所国际学校，打算在国际学校把高中学业读完。下面我们开始。

李绵军校长：

下面我们就先请木兰会的负责人刘韶平开始。

刘韶平校长：

李校长你好，少乙你好。前几次的新生代对话，我都听完了。今天晚上这个新生代的对话，到现在我还是挺紧张的，也挺小心翼翼的。我的孩子马上满 14 岁，他也听了你前面的一个关于兴趣或者游戏的对话，他认为你说得太棒了，特别崇拜你，看了你的头像，你也会打篮球，第一时间他就说要看看你长什么样子，我也把照片发给他了。所以我今天想和你对话。第一个问题，面对青春期，你们的青春期是第一次，而我们面对青春期的孩子也是第一次，真的没有经验。因为他想听这个对话，我就先把他支开了，我自己在这里不太敢说话。我诚惶诚恐，真不知道怎么面对。如果我说，他不高兴；如果不说，心里又忍不住。因为他特别喜欢篮球，即使只有 10 分钟的时间，他都会去打篮球。我也不知道他是想在篮球场上找自信还是求关注，成绩下滑特别严重。怎么样能让他把对篮球热爱的力能够也用到学习上呢？不知道你有没有遇到过这个问题，我们怎么做，他才能和我们达成共识？兴趣和学习怎样来衔接，我们怎么样来引导？另外，我的女儿现在只有9岁，到目前为止，可能老二带得比较开放，比较开通，我们没有压制那么多。生老大时，我们刚创业，那时候压力特别大，就把他压制得特别厉害，好像他小时候我认为他哭都不行。我们好像压制了他的天性，以至于他的天性都没有释放出来。像这样的情况，我们当下如何做能够给他一种补救，可以挽回更多一些？我就这两个问题。

李少乙：

第二个问题我没听懂，能不能重新再说一下？

刘韶平校长：

第二个问题，在培养他的时候是压制和权威，让他不要哭，听我们的话。他的天性好像都被我们压制了。在这种情况下，比如说他正值青春期的情况下，如何能够更好挽回一些或者是补救一下？我们那时候对他只会打、骂、恐吓。

李少乙：

我先回答第一个问题。关于他打篮球。因为我也喜欢打篮球，我也喜欢看篮球比赛，在学校里也参加篮球队，我很热爱篮球。他喜欢打篮球非常好，他有这个兴趣，父母肯定要支持。有很多人像他这个年纪都没有感兴趣的东西，不知道自己要做什么，每天就在虚度光阴，他比其他小孩儿要好很多。因为之前有过很多校长说过很发愁小孩没有兴趣，不知道自己想干吗，每天虚度光阴，无所事事。但是今天你说你家的老大喜欢打篮球，而且特别喜欢，这非常不错，作为家长要支持。你说他打篮球的时间太多了，但他在现在这个年龄还算不上一种职业。如果等他长大了，他还喜欢打篮球，可以把打篮球当作他的职业，兴趣和职业这样结合，他就很容易成功，而且这是他喜欢做的事情。但他当下需要做的是学习，他毕竟才14岁。他还要参加中国的中考和高考，他也不打算走国际路线，所以学习肯定是要先排在篮球前面的。怎么能正确地引导他？首先，家长要做出表率。你可以先和他沟通，告诉他今天你打篮球是可以的，我希望你拿出点成绩来。既然你喜欢打篮球，那你就参加班里的球队。你要打出点成绩，如果你打不出成绩，那么你打篮球就没有意义。你可以这样反面刺激一下他，他知道打篮球现在不是他想做的之后，就会选择学习。因为我去年面临一种情况，我在中国上网课，经常没事干，和他现在估计挺像。白天我不打球，我打游戏，我玩电子游戏，每天也玩很久。当我知道我有事情要做的时候，我知道这件事情是肯定要排在游戏前面的。我明确能感受到它有力量，新生代参加这个活动能带给我智慧，带给我力量，训练我的能力。所以我义不容辞把它排在游戏之前。我认为家长应该是这样做的，激励孩子，让他感觉到学习的乐趣。但篮球肯定也必不可少，这也是他很重要的兴趣之一，不能给他打磨没了。就和你说的那样，他小时候被训斥，又被打又被骂，一直这样被批评，导致了他到青春期就开始爆发了。因为之前他没有这种力量，现在他长高了、长大了、长壮实了，开始有反抗的力量。他就开始做自己小时候你们没让他做的一些事情，比如你们不让他做喜欢的事情，他当时没做，但长大了他就想做了，你们越拦着他越要做。尤其要表明，他和你们不是一个立场的人。谁让你小时候那样打压我、训斥我的，长大了就要报复，我估计他大概是这样的心理。这也很正常，有很多青年期的小孩都面临一个这样的问题，我也有这样的问题。我有时候也反抗父母，所以说我认为很正常，正面开导就好。你们可以在家里没事的时候随便聊些话题，给他些正面的引导，告诉他学习是有用的。比如说你可以和他聊聊天，问他今天想请 10 个人吃饭，他最想请谁，让他回答，他可能聊的都是一些篮球球星。

刘韶平校长：

但是我不认识球星。上一次对话的时候，他就说了 10 个人，我就知道习近平、毛泽东，剩下的球星我一个不了解。

李少乙：

我认为这样很好，已经充分表明了他对篮球的喜爱。但是你看那些打篮球的，他们也不光只会打篮球。像詹姆斯，他除了打篮球，还做什么？他还建学校，帮助别人，还捐钱。你就可以这样和他讨论，这样讨论的时候，他既有兴趣，也想和你讨论，又能增进你们母子的情感。之后你再这样正面开导他的时候，他就会听，他不会像之前那样反驳、反抗。他现在打篮球打得走火入魔，就是不想学习的状态，很有可能就来自小时候你们经常骂他，欺负他，不让他做他想做的事情，他长大了就爆发了。青春期的时候，他就开始了，父母不要着急，这个事情没有什么可着急的。因为很多家庭都面临这样一个问题，我给他们的建议就是慢慢沟通，这件事情不能急。父母不能直接告诉他打篮球影响学习，你每天必须24小时在家里学习，这样做当然是不对的。这样第一是把他的信念给打磨没了，把他唯一的爱好打篮球给剥夺了。第二是伤害了你们的家庭关系。你不尊重他，他肯定也不尊重你。如果你反过来尊重他，说你可以打篮球，我支持你打篮球。他得到你的尊重之后，他就反过来会尊重你。下次你再和他说话的时候，比如你和他说写完作业之后，你随便打，我不管你。他就会听取你的建议。这样是公平的，这个世界是公平的，你尊重别人，别人尊重你，你不尊重别人，别人也不尊重你。

刘韶平校长：

我之前特别紧张，真的像无头苍蝇。在他小的时候，我们可以压制住他，现在他站起来比我们还高，也比我们有能力。我们确实是不安的，也是恐惧的，就觉得掌控不了。听你这么说，又觉得他很可爱。还有最后一个问题，我们对这些球星是不了解的，是不是我们也要学习这一课，才能和他有共同话题？

李少乙：

这是完全可以的。你换位思考一下，你们想聊《三国演义》的时候，是不是也会让小孩读《三国演义》，这样才能让他和你们一起聊？如果你们让他读《三国演义》，他并不喜欢，但是你就铁心让他读《三国演义》，他可能就和你们现在想法一样。他喜欢打篮球，你们不喜欢他打篮球，但是你和他聊的时候你又什么也不懂。所以在家庭中平等和尊重很重要。家长需要以身作则，要先尊重孩子，双方达到一个公平平等的关系。孩子也会维护这种关系，这样就不会和你们有在一起争执的场面，这是很重要的。我没有说打篮球不对，打篮球是他的一个兴趣。但是他现在最主要的任务是要学习。学校现在能给他很大的帮助，尤其是在打篮球的道路上。

刘韶平校长：

少乙，你把打篮球的那段话再重复一下，我再听听。

李少乙：

那个是我举的一个例子，我没有说要让他照做。打篮球是正确的，因为我也打篮球，我每天都打篮球，打篮球没有问题。只是可能家长认为打篮球会耽误学习，认为篮球占用的时间太长了，我们不应该玩，应该给它戒掉，这是错误的想法。如果戒掉就把小孩儿的兴趣打磨没了，他没有兴趣，就和大山里没有路一样，很迷茫。他现在起码有一条路，他知道他喜欢打篮球。现在打篮球只能当成兴趣爱好。如果说能打出成绩来，那也可以。你看有些 NBA 的球星，他的学习成绩也不好，但是他能打进 NBA，说明他有天赋。你就可以问问他，你有这种天赋吗？你现在不学习也行，你从学校退学，你打篮球，你自己养活你自己，看你有没有这个实力。没有这个实力，你再回来好好学习，等你有这个实力，再出去打篮球。

刘韶平校长：

少乙，感谢你。有机会我也带他打一场。

李绵军校长：

刘韶平校长问到这个问题，我也和各位家长谈谈我的看法。首先，关于孩子打篮球的问题，少元、少乙有两年也特别喜欢打篮球，还报过培训班。少乙特别喜欢打篮球，到现在都特别喜欢。我认为孩子想打篮球，可以锻炼身体，这是非常好的一个兴趣，一定要大力支持。刚才少乙谈到了，他的建议特别好。如果孩子打篮球确实影响了学习，要和孩子好好地沟通。态度上不要打压孩子，认为孩子打篮球是错误的。你要支持孩子，打篮球是正确的。父母心态要调整。本身打篮球它是正确的，这是一个多么好的兴趣。如果影响到了学习，是需要给孩子分析的，如果你在篮球上能够发展成你的事业、你的方向，父母毫不犹豫全力以赴支持你。假如说你认为篮球不能成为你的终生事业，你得去找优先的核心，当下就是学习。篮球应该放到第二位，你得好好学习。这样讲，你认可了他的兴趣，然后你给他分析。如果孩子认为发展篮球，就成为明星，就可以当作一个事业去做，父母要支持。如果经过你的分析，他打篮球，不一定能成为明星，他自己就会选择了。父母要相信孩子，他是向善、向好的，他会对他自己负责的，他会爱他自己。过去，你们认为篮球影响学习，否定他。他当然不高兴了，他就和你对着干。如果你先肯定了，他觉得你支持他，他就会和你好好说话，你讲的他就能听进去了。你给他分析他能不能成为篮球明星，篮球能不能成为他人生的事业。如果是，父母要支持；如果不是，那你得抓住核心学习。还有一点，你谈到了在他小时候你打他，到了青春期他可能逆反，怎么弥补？实际上你要非常坦诚面对孩子，不用担心，你说小时候打过他，错了。现在他大了，你就给他道歉。如果你真正尊重孩子，就和孩子平等对话，你错了，你就得承认错误，在孩子面前讲。孩子小时候，家长年龄也小，也不懂这些做法。后来学习之后，家长成长了，发现打孩子是错误的，向孩子承认错误。你这样讲对孩子的帮助是非常大的，他会觉得父母有错就改。他之前的怨气一下就能化解。作为父母，咱有错就得认错，也不能说给孩子认错是错误的。父慈子孝，父母先有慈爱，孩子才能孝顺。如果父母都是恶霸，孩子为什么要孝顺？古人也讲孝顺父母的，首先父母得做正确了。父母如果错了，孩子当然有纠正父母的权利，帮助父母成长的权利。所以我们错了，我们就得向孩子认错，这绝对非常有帮助，能够化解矛盾。你要想挽救，这是一个很好的方法，可以试一试。我和少元、少乙之间，我以前做错事了，也经常向他们俩道歉，他俩就会不一样。父母都能够放下面子来和他沟通，平等尊重，这样就能够拉近距离，这是特别好的方法。

作为家长，像我们这一代，包括你们80后这一代，基本上必须学习，学习好了才有出路。现在的这一代，不一定。也就是说，你对待孩子学习好的期望，不能将所有的宝都压在这个地方。压在这个地方是一个错误的观念。有的孩子可能成为篮球明星，有的学习好取得成就，有的可能学习不太好，他也一样能有成就，也可以去当兵，也可以去做别的，都是有出路的，一定要有多元的这观点。考学不是唯一出路，这个是错误的想法。我们要降低孩子对于文化课的学习的压力。如果家长非常急切，把宝都押在那个地方，孩子压力多大，有的孩子重心可能不在文化课上，所以这一点可以调整。还有就是为什么我们那么在意孩子，是因为我们内心有太多的担忧和恐惧，希望孩子好，我们把自己的担忧、恐惧压在了孩子身上。父母一定要成长自己，自己成长了，心力就会强大，自己成长了，孩子就会看到父母成长。实际上，你和史乃奎都是积极正向的，你们的孩子也是积极向上的。大方向已经注定了，因为你俩都是积极向上的。至于他在学习上该选择什么，还要根据孩子的特点，你看史乃奎也是当兵出身，不是一样成功吗？所以父母对孩子不能用一个标准。父母要不断地成长，父母成长了，孩子就能感应到，孩子自动会变的。这是我分享的一点心得。

刘韶平校长：

刚才少乙说的时候，刚好孩子就进来了，说到小时候打孩子，父母要道歉，或者我们积极向上，好像我们两个人都蛮有触动的。感谢校长，我们都会积极向上成长的，相信这种亲子关系也会越来越好。这种对话我们大家都要坚持参与，走进孩子的心里，孩子也能走进我们，心与心近了，可能就会更融合，更向上、更积极。感谢校长，谢谢少乙。

林丽华校长：

少乙你好，我是来自福建平潭的林丽华。我想问你的第一个问题是，你的父母在你小时候有没有出现过教育观不同的时候？能不能详细地举个例子，那个场景给你带来的是什么感受，最后你们是怎么达成共识的？

我知道你在家里排行老二，我家有三个孩子，我想问的是关于老二的心理成长。其实我是有担忧的，你也是家里老二，通过你站在老二的角度来给我们分析一下，老二在家里面，他的心理会有一个什么样的成长？在这个过程中，父母需要注意什么？这是我的第二个问题。

李少乙：

第一个问题是当父母教育孩子的时候有了偏差，对我有什么影响？我举个例子，我亲身的例子，对我感触最大、最深的，是父母在教育上起冲突。我刚到美国的第一年，我们住在一个很简陋的房子，也不能说简陋，我们当时是租的房子。因为当时买的房子没有装修好，就住在租的房子里，一家五口，加上一个保姆，当时我们是六个人，李校长因为工作只能在美国待一个月，再回中国待一个月，相当于他就只能做个类似于空中飞人，在飞机上来回飞这么一个角色。当时我的妈妈柏老师一直带着我们生活和学习，在美国不断地成长，妈妈陪伴我们的时间最长。那个时候，因为我刚去，可能有点水土不服，与那边文化跟不上，教育也跟不上，语言听不懂，吃的也不喜欢。上一次对话我讲了，我在那边受到了种族歧视，那边的人欺负人，欺负黄种人。那个时候我和柏老师反映过好几次这种情况，当时她情绪比较激动，和李校长打电话问我们要不要回去，我们当时在那里受了很多苦，那个时候我记得李校长一直在鼓励我们，让我们坚持在那里待下去，实在不行了，实在待不了了，我们再想办法。还有一次父母之间最大的一次冲突就是我在那边受到歧视之后，妈妈很生气，在那边大发雷霆，在学校里面和老师也很生气，之后想要让我去一个华人学校上学。我记得是妈妈做的主，爸爸只能说起了一个辅助性的作用。但是一般在家里，都是爸爸起主要的作用，妈妈是辅助的。因为那件事情，妈妈很生气，她认为那种做法不正确，认为我在那里受了欺负，自己看不下去，非要和那所学校闹。当时转学手续都已经办好了，但是我没有去。我其实就想到了我爸爸之前说的那几句话，让我在那边坚持，坚持就是胜利，不断地鼓励我，说我在那边只要适应了，就和别的地方没什么区别，那里就是我第二个家。我记得有过很多次，我和爸爸大半夜打电话，我爸爸经常这样鼓励我们两个，鼓励我和妈妈，我也没有说妈妈当时的选择就是错误的，两者都有道理。妈妈想让我每天过得开心一点，过得舒服一点，不让我受那么多苦。作为一个母亲，我认为母爱是非常慈祥的，没有任何错误。谁喜欢看见自己的孩子受苦、被欺负、被歧视？但是爸爸做得也没有错，他认为我们在那边虽然说受了很多罪，吃了很多苦，被歧视也好，语言不通也好，没有朋友也好，不喜欢吃那边的饭也好，这都是一种锻炼。既然我们选择了挑战，我们就应该坚持下来，接受这种教育也能丰富自己的见识。以后有了这样的一个国际观、一种看法，能更多帮助我们未来的生活，这是当时爸爸的看法，也没有说谁对谁错。当时我认为爸爸说的是对的，但是现在想妈妈说得也没有任何错误。如果当时我选择了妈妈说的那种方式，我现在可能过得也很好，也不会比现在差很远。所以在父母产生争执的时候，没有有善恶之分，没有谁对谁错之分。只是两者之间肯定是有一个更适合孩子的。教育之间肯定有个更适合孩子的，可能更适合我的，就像爸爸这样的教育方式，一直鼓励，一直激发孩子的天性，让我们自己做选择，不管是做什么选择，他都会选择鼓励我们，让我们坚持下去，这可能是适合我的。比如你家的小孩，他可能就比较适合妈妈那样的教育方式，很温柔、很慈祥，觉得孩子应该被保护，应该少吃一点儿苦，这没有任何问题。两者之间不存在对错，适合自己才是最重要的。这是我第一个问题的解答。

　　第二个问题。我们家也有三个孩子，我有个哥哥，叫李少元，他给大家讲过历史，讲过哲学，大家可能对他很熟悉，我还有一个妹妹叫作李心柳，她今年只有 10 岁，不太熟悉我们家庭的人可能不知道，她比我小 6 岁半。我和我哥中间只差了 2 岁半，她和我差了 6 岁半，她和我哥就整整差了 9 岁。

我作为家庭的老二，在心柳还没有出生的时候，我是很喜欢和哥哥比的，很喜欢和哥哥争，不是争父母更偏爱于谁，争父母的宠爱。我们小时候不懂，争的是一些物质上的东西，像玩具、吃的等，这是我们当时争的。因为自己小，比哥哥少吃了两年半的饭，打也打不过，说也说不过，所以每当发生事情、发生冲突的时候，我都输给哥哥。我总是落在下风的那一个，永远都是哥哥赢，然后让爸爸妈妈来解决这种事情。但是有了心柳之后，这种家庭地位就不一样了。因为哥哥在心柳出生时已经9岁了，大概已经懂事了，起码就不会像小学生一样。但是我那个时候不懂，我才刚上小学，然后家里又来了一个妹妹，这个时候我就开心了。我想到我终于可以做一个哥哥了，我还比她大这么多。小时候我就经常喜欢和妹妹开玩笑，甚至有时候喜欢整蛊妹妹，时不时逗她一下，调皮一下。这种情况，我认为我做的是错误的。现在想来之前对妹妹做的事情有些太苛刻，有些太不厚道，我没有尽到一个做哥哥的义务。大家不要在家庭里面形成一种攀比的情况，有时家长也在鼓励攀比，比如谁这次考试考的分高，谁就赢奖品，这种是错误的。一旦两人之间有过很多这种竞争，摩擦出很多这种火花之后，老二就不愿意了，因为总有输的那一个，他就会找别人发泄自己的情绪。他们能找到谁？家里有哥哥，父母又不能招惹，那还有谁？只有老三。所以最受苦的其实不是老二，是家里的老三。别看他是最小的，大家都保护他。但是很多事情，遭受到最大的困难的，一般都是家里的老三，所以我认为我现在也需要改变，我也在不断地提升自己，这样才能带动家里人，带动我的妹妹。我也不可能像以前一样调皮捣蛋整蛊她了，我现在也开始变得更好，学习善解人意，对心柳越来越好了。她说的话，我也都听了，有时候她不喜欢做的事情，我也不会强求她做了，这也是我的改变。至于家长有什么需要注意的，就像我刚才讲的，不要在家里形成孩子互相攀比的这种情况，我认为这是不太恰当的。但有时候也可以稍微比一比。不要让他们为了物质的东西，摩擦出这种不好的火花。因为家庭是一个和谐、和平、充满爱的氛围。如果有这些不好的情绪在里面，这个家庭会很不和谐。

林丽华校长：

感谢少乙给我的分享。刚刚你在给我解答第一个问题的时候，说到关于孩子的教育，父母他们的观点都是没有问题的，取决于孩子适应或者喜欢哪一种教育方式。那么怎么知道孩子是适应或者喜欢哪一种方式？我这边还是有些困惑。

李少乙：

怎样知道孩子喜欢哪种教育方式，这很简单，让他自己选择。比如很简单的问题，你问问他，你是喜欢学语文还是学数学，他可能就会想我喜欢学语文，学语文很好，以后当文科生，当教授多好，这个时候家长至少心里知道了，小孩儿喜欢学语文，喜欢读书，就可以给他们提供好的机会，让他们展示自己，展示自己的天赋。前提是他喜欢，你们不要强行让孩子做，让他参加读书研讨会或写作、论文那种比赛。

林丽华校长：

其实就是我的感受，我们在问他问题的时候，我们内心已经有一个标准了，但他没有按照我们标准做的时候，我们心里其实是不舒服的，就想引导他到我们标准里。

李少乙：

这个说得太好了，反映了很多现在家长面临的一个问题。家长在那个年代受到的教育和现在的小孩受到的教育不一样，他们觉得正确的，希望自己的小孩也认为是正确的，一旦自己小孩觉得是错误的，他们就会强行让小孩做家长认为是正确的东西。这是不对的，可能有点认知偏差。

林丽华校长：

明白了。感谢少乙给我的解答，今天和少乙对话的这两个问题，是我自己内心特别想问的两个问题，少乙在给我解答过程中突然打通我内心中不能确定和不能做决定的事情，我学习了。感谢少乙。

刘金凤校长：

李校长、少乙，你们好。我是东莞长安神墨的刘金凤，之前也一直听新生代联盟的对话，我特别意外，少乙一个十几岁的学生，可以解决我们很多的困惑。我一直在跟着对话，也在一直认真地听。我现在介绍一下我个人的一些情况，我一共有两个孩子，第一个孩子是女儿，已经 10 岁了，现在上小学四年级。第二个孩子 4 岁，现在在上幼儿园的小班。两个孩子相差 6 岁。第一个问题好像是一个心结，它一直卡在我心间。我在生完老二的时候，老大基本上十几天都不愿意理我，她那个时候只有 6 岁，她一直觉得我们比较爱弟弟。在这个过程中，因为我和她爸爸一直在神墨里面工作，所以在这方面我们一直注重对她心理的辅导，经常带着她出去，也会给她讲为什么要带着你去哪里，因为你是家里面的老大，会给她分析很多道理，她自己目前来说勉强能够接受了。其实我们家老大特别听话，情商属于特别高的，她的学习其实是她老大难的问题。目前来说，她认为我们喜欢弟弟的问题，其实已经给她解决得很好了，最近一两年她基本上也不会再提，现在虽然她没提，我们还是得注重。她现在卡在一个节骨眼上，就是她的学习的问题，她的学习非常不稳定，让我们很头痛，其实她自己也很努力。前几天我听完咱们新生代对话的时候，我也有和她聊天，她的不稳定到什么程度，比如说这次考试可能就是考个四五十分，下次也能考个八九十分，再下次有可能是六七十分、五六十分这种情况。我也问她，为什么会有这种情况出现？我们也让她补课，在外面学习，反正想过各种办法。在上一次我听完对话的时候，她就和我说，妈妈你认为我不够努力吗？你可以问一下这些老师，我很听话，我在学校也从来不犯错，我上课也是认真听，可是我也不知道为什么，我就是考那么一点儿分数。因为我也是做教育的，也知道孩子的成绩是有好有坏的，但是我是希望她能够更好，她的学习好，肯定机会也会多很多。比如她在学校，因为我们做教育，其实她还是有很多受益的地方，从一年级到三年级，因为她一直学口才，她的语言表达能力非常强，每一次班上讲故事都会选到她，可是没有一次她会被选上，因为她的学习属于那种中等的，一直不稳定，老师都选那种学习成绩好的。我都用尽各种理由给她讲，你看你的声音可能不是特别好，可能你这次又怎么样的，这是我心里面的一个结。其实她爸爸也有结在这里，内心觉得很难受。特别是在三年级到四年级，因为每个学期我们这边的学校都会组织这样的活动，她回来后会很开心地告诉妈妈，这一次讲故事，全班同学都投她的票，因为她是脱稿的，还有动作，她很兴奋。她说可是老师没有选我。我问她，你知道什么原因吗？她说老师说我的声音怎么样的，其实老师也找了很好的理由。一次又一次这样，我就觉得肯定是和孩子的学习是有一定的关系的。所以我想问一下少乙，我也不知道你有没有遇到过这样的问题，不知道是我自己特别担忧，还是我想得太多，需要怎么调整我自己的内心。其实我和她爸爸在这个问题上面很纠结，也特别矛盾。

第二个问题，我和孩子爸爸年龄也不是特别大，80年代接近90年代的，我们是小夫妻，我们一直在神墨工作，夫妻之间也会经常有一些矛盾，包括生活上或者工作上，有些时候真的就是控制不住自己，可能会在孩子面前有一定的争吵，我也不知道这种争吵会给孩子带来什么样的问题。我也想问一下少乙，校长和柏老师这么优秀、这么卓越，你有没有看到过在他们争吵？他们会出现什么样的问题？或者给你印象最深刻的一次争吵时，发生了一些什么？你作为孩子，你心理上的想法是什么？父母怎样来平复孩子的心理？

李少乙：

第一个问题，家里的女儿10岁，比较喜欢讲故事，当着全班的面讲故事，讲得非常好，大家都很喜欢，因为学习成绩的问题，老师不选她。这个我只能说是老师的问题。我给你举个例子，我不知道你插没插过花。插花的时候，难免有些人插得好，有些人插得不好。比如木兰会的几个人，你们一起去柏老师工作室插花，插得都很好，但是只有一位，比如说你，你插得是最好的，你那朵花很鲜艳，它的形状也很好看。但要选出一位来作为花道工作室木兰会的展示人员，让他在台上给大家做现场插花。如果柏老师没有选你，是因为你在神墨做得不好，你业绩不够，就没有选你；选了一个插花并不是特别好，但是在神墨做得非常好、业绩非常好的一位老师来做这种事。你觉得柏老师这件事情做得是对还是错？你心里会有什么想法？

刘金凤校长：

我认为做得不对，我现在会这样想。

李少乙：

如果换作是你遇到这种情况，是因为你在神墨做得不够好才不选你。

刘金凤校长：

现在听你这么举例，特别贴切，突然有种感觉好像是因为她学习不好，老师不选择她，可能也是我多想。因为她在其他方面非常优秀，体育还保持着学校的纪录，她的舞蹈也获得过东莞市的奖项，每一个学期她都会参加比赛。但是在上次谈话中，她对我说："妈妈，你叫我学什么都可以，可是我就是不想学语文和数学。"她的英语也还是很棒的，好像是我自己想得有点多，但是我也不知道怎么控制我自己，内心特别矛盾。

李少乙：

既然她不喜欢语文、数字，喜欢公开讲故事、喜欢英语，这时她的个性就展现了。她展现出她自己喜欢做的，她的天赋所在，她的短处，这时家长就更需要给她鼓励了，可以让她多做她喜欢的事情，多让她讲英语、公开演讲，给她更多机会说英语或者给她多看语言节目。没必要限定在学校里面，可能这所学校里面老师就是很主观的老师，会把学习放在第一位，认为学习不好，做什么都不行。

她现在很喜欢讲故事，但是老师是因为她学习不太好没有选她，我认为老师做得不对。如果孩子在讲故事方面有天赋，也爱好，父母可以给她创造更多的机会，比如讲故事给其他小孩听，你们可以组织或者让她报个读书研讨会，类似于这种社团类的东西。父母不要小瞧了她的天赋，因为每当她做这些事情的时候，她就会感觉很快乐。

另外，她学语文和数学感觉不到快乐，她再怎么学习都是五六十分，父母可以让她学习怎样讲故事，怎样有更好的语气。给别人讲故事的时候，她就会有兴趣。我们称这种感觉叫作"福流"。做一件事情，有了这样的状态，你就会感觉开阔，一转眼就过了好久。有这样福流的状况，让她去做她喜欢做的事。作为家长，不要批判孩子，批判孩子也是不正确的，应该支持她的想法；也不要强求她，她不喜欢语文和数学，及格就行。不可能每个孩子都拿100分。也不是每个校长插花的时候都能插那么好。有些做神墨做得特别好的校长，插花的时候就插不好。可能有些一线老师、二线的主管做神墨的时候，虽然做得不是那么大，但他们插花的时候能插得特别好，这就是他们的一个福流的状态，也是要鼓励的。他们以后就可以拿插花当作兴趣来提升自己的能量，给自己带来这样的快乐。

第二问题，关于父母吵架。我再举一个例子，这是我很小的时候，我现在还能记住，已经很不错了，大概在我五六岁，我们还没有搬家的时候。有一次我们在一个老房子里面，因为那个房子比较小，李校长和柏老师在房间里面，把门关上了，在里面吵架。我不知道是为了什么，我听的时候就只能听见屋里声音特别大，两个人在那儿激烈地争吵，现在回想起来我也不知道他们在吵什么，我也记不得了。但是那场吵架对我心理造成了很大的阴影。当时我是很害怕的，因为他们两个在屋子里面声音很大。反正好像有什么东西砸下来的声音，我心里就很害怕，爸爸妈妈不会真的打起来了吧。之后每当看见父母吵架的时候，我都会联想到那件事情，就想到他们会不会打起来，有一方会受伤，作为孩子肯定是不希望父母哪一方受到伤害，都希望父母和和平平、和和谐谐地爱这个家。那件事情对我伤害还是蛮大的。每次看到父母起小争执的时候，我都会想到那件事情。

不过李校长和柏老师近几年都在不断提升，不断努力地带动家庭的氛围，他们两个现在的相处也非常好了。每天李校长亲切地管柏老师叫"老佛爷"，把我的妈妈当老佛爷一样去宠去待，这给我的心灵产生了很好的磁场，就让我感受到了父母之间的关爱，我也感受到其中的力量，家庭的力量在不断地从他们彼此的关爱中传输到了我的体内。我对那件事的看法也逐渐地消磨，当时的恐惧也不断地在减少。所以对于父母来讲，尤其是像比较年轻的父母，可能80后、90后的父母，因为孩子还小，不要在孩子的面前产生这种大规模的吵架。你们可以争执，吵完之后你们可以和平处理一下。这对孩子可能没有伤害，孩子可能会看笑话一样看父母，看你们在吵完了之后和解，觉得在看笑话，但父母吵得动静很大，最后很生气地走了，这对孩子伤害还是很大的。就单单说从我小时候那件事情，对我来说伤害是很大的。我当时可能没看见爸爸妈妈握手谈和，那个时候我只是害怕就跑了。当时那件事对我心灵创伤很大，这也是我的偏主观的看法。可能不是每一个孩子都这样，但父母吵架，尤其是在孩子面前公开地吵架，对孩子心理会造成很大的创伤，可能导致他们的家庭不和谐。这是现在年青一代的家长需要改善、需要避免的。作为年龄偏大的家长，孩子已经经历过这些事情了，他们就可以像李校长和柏老师这样，不断地关爱彼此、了解彼此、善解彼此。孩子也会看到，他们也能感受到，爸爸妈妈身边的朋友也能感受到，作为孩子，肯定也能感受到他们的关系在不断地变好，不断地在和解，也能修补孩子童年心灵上的创伤，这是我的看法。

刘金凤校长：

谢谢少乙。你刚刚在讲的过程中，这两个问题确实给了我很多的启发，也给了我很多的思考。特别是第一个问题，我突然就能想明白了，你刚刚在表达你想法的时候，我也思考过这个问题，但我还处在纠结的过程中，刚刚听了你的说法后，我认为没有必要再纠结了。关于第二个问题，因为这个问题在我们的家庭中，应该在去年之前经常有这种情况发生，后来也是因为在神墨里面不断地提升自己、修炼自己，这些问题我们尽量地避免。特别是刚刚你在讲家里情况的时候，校长和柏老师之间的问题对你很多年以后都还有影响，其实在我们之前夫妻相处的过程中，多多少少对孩子产生了一些伤害，因为孩子的爸爸如果做了什么事情，女儿过很久才会告诉我，我问她为什么你当时不告诉我，她说因为怕你们吵架。我估计之前的争吵应该给她带来了一定的伤害，所以在接下来的生活中，我会给孩子营造一个更好的环境和氛围。谢谢你，少乙。

李绵军校长：

刚才我在听大家对话的过程中，少乙回答得非常好了，我就谈谈我的感受。因为咱们是做教育的，一直向善向好，在追求卓越、追求完美。实际上，人没有完美，也不可能说是完美，也没有绝对的卓越，但我们因为有了这样不断地向善向好的追求，也希望咱们孩子在教育上都不受伤害，或者孩子一切都是完美的，像一个水晶球一样晶莹剔透，这种愿望几乎是不可能的。我们希望孩子学习好，又希望孩子一点儿伤害都没有，一切都很好的，我们的标准太高了。我在听的过程中，包括前几次对话，包括我自己，我和柏老师都是这样，都希望孩子一切都好，学习好，快乐幸福。第一，我们这个标准太高，我们需要把标准降低。夫妻之间争吵不可避免，舌头和牙有时候还会碰到，更何况两个人之间，你想想夫妻之间相处也是共同成长的过程，他们免不了会有冲突，对孩子也会有影响。所以我们在这些事情上知道了原因，就不要纠结，我们要面对这些问题，要化解这些问题，然后去成长，不要纠结，不要自责，在自责的情况下就变成了一个新的能量，新的磁场。我们需要成长，需要面对，我们要调整自己的心态，降低一下标准。孩子受伤害也是一种学习，也需要这样的伤害作为种子面对社会。另外，就是少乙讲的时候，应该给大家一个很大的启发，作为家长应该不断地完善自己、提升自己。在我们提升自己的过程中，我们的能量提升之后，夫妻之间达到善解和解，具备了这样互相关爱的状态之后，实际上就是在帮助孩子修复。也就是说，孩子小时候如果有心灵创伤的话，也能够排解掉。他看到父母关系和谐了，本身给了他极大的能量，这能量对于化解他童年的创伤会有很大的帮助。过去发生的不要纠结，我们要面对，要救赎。还有，我们要努力地成长，既要发展事业，更要承担我们自己成长，成长不但对我们事业好，对夫妻关系好，对孩子好，对身边的人也好，都会带来帮助，要积极地成长。下面就由冯谷怡来提问。

冯谷怡校长：

李校长、各位校长，还有少乙晚上好。我是广西钦州的冯谷怡。少乙，我想提问的第一个问题是，刚才你说到李校长把柏老师当"老佛爷"一样宠，我想问的是在他们这种很亲密、很和谐的时候，你的内心的感受是怎样的？第二个问题，我先简单地说一下，我有两个孩子，老大是儿子，现在9岁，还有一个女儿，现在6岁。对于延迟享受教育的话题，我和孩子爸爸是有点冲突的。比如，有时候孩子就想吃一个东西，我会很容易就满足到，可能自己小时候这些东西比较缺，就想让孩子立马可以得到，别人有的，我们也可以有。但是爸爸就觉得不能让孩子想要什么，立马就能够得到。这个在我心中目前是比较纠结的。你有没有这种经历，或者说如果站在你的角度，你是怎么思考的？第三个问题，我的儿子可能缺少安全感，可能对我太有依赖感。如果我几天不在家，他就不愿意让我出去，想让爸爸代替我。每当这个时候，我就会有一点点动摇，然后就告诉他，妈妈也是需要变聪明的，像你一样要读书之类的话，但是讲完之后我心里还是会有一点点难过，我不知道你在小时候对柏老师有没有这种非常依赖的感觉。如果妈妈没有在你身边，怎么样来引导你，让你更加容易地接受？我和他说下周我要出差，他说你又要出去，让爸爸代替你去不好吗。我就不知道怎样和他进行这种沟通。我如果没有在家，他就要奶奶在家，奶奶晚上出去散步都不行。妈妈没在家的时候，奶奶也不能去散步，只要是他在家，奶奶就要一直在家里，好像这样他才可以放心。

李少乙：

我先回答第一个问题。李校长和柏老师之间有没有比较友好很亲密的事情，让我感受到了力量？我现在能举出很多事例，但有的我也记得不太清楚了，自从李校长给柏老师封了"老佛爷"的封号后，我感觉他们两个关系变得特别好。我简单举几个例子，我们是山东人，晚上比较喜欢打牌，过年的时候也好，节假日也好，没事的时候也好，我们就喜欢几个人一起打牌。我们山东流行一种叫够级的打法，类似于三打三，每次看见爸爸妈妈两个人互相对着打，就感觉非常有意思，看着他俩玩，虽然有时候他们打着牌的时候，妈妈恼了，说爸爸不让她，爸爸给妈妈打生气了，那个时候感觉到我们这个家庭是多么和谐、多么友善，感觉不到任何一点儿妈妈生气了，可能那个时候妈妈没有真的生气，她只是被爸爸一直打，打得就不太舒服了，想发泄一下当时的情绪。我爸看见老妈有一点点情绪波动，就开始低头认错，他就开始呼唤"老佛爷"，说今天我错了，下次一定让着你，这个时候我就感觉心中很温暖。虽然打牌不是一件很重要的事情，但妈妈有点小情绪，爸爸可以立马去和解，看到这些我心中非常快乐，像这种场景，我是非常喜欢的。这些都是很好的弥补心灵创伤的办法。我再举个例子，我们出去旅游，不管做什么事情，我爸安排的事情可能妈妈并不喜欢做，每次妈妈表达出来的时候，爸爸都会谦虚地倾听、聆听妈妈的感受。这种情况在之前基本上是不太可能出现的，因为之前爸爸连我们孩子的感受都不太喜欢倾听，他比较自以为是，喜欢做他喜欢做的事情。但是老妈被封号为"老佛爷"之后，老爸就开始认认真真地听，每次老妈说的时候，他都一字不漏地听，把之前欠我妈妈的这些东西都给补上。虽然大家看到的是我妈是老大，老爸是老二。每次做这种事情，都是我爸在做主，吵架一般都是他起的头，老妈有情绪了，才开始吵架的。像这种事情，还有像小溪花道，大家可能不知道小溪花道一开始是谁支持起来的，都是李校长，一开始让柏老师学插花、学弹琴、学茶艺，让柏老师努力做事情。当她会了以后，李校长鼓励柏老师开工作室，可以教神墨的校长、老师或者教社会上的人学插花，提升自己的品位，提升能量，感受到更多的智慧。爸爸为妈妈付出很多事情，这对我来说是很好能量的提升。我看到的就是爸爸和妈妈的关系很好，而且两人很和谐。妈妈帮助爸爸的事情也有很多。她在美国牺牲掉自己三年的时光在那里陪我们，一个人陪我们三个小孩陪了三年的时间。这段时光也是很艰难的，妈妈牺牲了她这三年，我也是很感谢我妈妈的。本应该是爸爸和妈妈一起的，但是妈妈独自一个人承受了，非常感激。感谢妈妈为家庭做出了很大的贡献，"老佛爷"这个称号也是当之无愧的。

关于第二个问题，你比较喜欢给孩子买很多好东西，别人家的孩子有的，我家孩子必须有，我爸爸经常教导我们要惜福。如果孩子不需要这些东西，买多了就是浪费，不能给孩子养成这种习惯。这也符合了我刚才说的那个观点。没有任何的对错，你的想法是对的，他的想法也是对的。你要看看适不适合自己家的孩子，比如说我，我爸爸妈妈给我报补习班、英语班，花了非常多的钱。他们为了让我去学习，让我提升自己的知识，花的钱太多了，现在数不胜数，几百万我估计都有了。这是在学习上面，我喜欢打篮球，他们很支持我买篮球鞋，每次我要买篮球鞋的时候，他们都很支持和鼓励。现在我的球鞋都有十几双了，他们也没有觉得很浪费，因为他们认为我打篮球的时候，穿的这些鞋能够让我变得很开心、很快乐，这也是一种表达爱的方式和鼓励方式。既然家庭有这个条件，那孩子遇到想做的事情，就让他们去做。如果孩子想要什么就给什么，看到别人家的孩子有手机，你也给他买一个手机，我觉得没有必要。如果明明不需要，他还强行要求，就形成了攀比，孩子之间的攀比。你要正面地看待问题，问他有喜欢做的事情吗，也可以激励他去做。你喜欢打篮球，我可以给你买篮球装备，让你在篮球场上大放光彩，总比他玩盯着手机玩好多了。比如你孩子喜欢学艺术、学画画，他希望你们可以支持他，我认为这个时候就要支持他们，想买颜料，都需要我们支持，没有对错，只有最适合自己孩子的才是最好的。这是我的主观看法。

冯谷怡校长：

谢谢少乙，我差不多明白了，通过你举的例子，我大概也清楚了，可能没有对错之分，只是大家的看法不一样而已。

李少乙：

第三个问题是什么？能不能再说一下？

冯谷怡校长：

第三个问题关于依赖妈妈，缺乏安全感，当我说要外出，他就很不开心，要和他做很多的思想工作。我不知道你小时候有没有这样的经历。

李少乙：

我说一下我小时候的经历，小时候妈妈出差不多，大部分都是爸爸出差。那个时候正是李校长发展事业最重要的时期。他大概在我上小学的时候，上小学和幼儿园之间有过很多次的出差。每次他和我说要出差了，出差多少天，然后才回来，当时我唯一的感受就是爸爸又要走了，又要离开我了，又没法陪我了，这是我当时的感受。换到今天的我，我得反方向理解爸爸。他既然需要到外面工作、拼搏，这种精神是很好的，没有为了陪伴家人牺牲掉自己的工作、自己的梦想。爸爸做得对，当时我就感觉爸爸走了，没有陪我，太伤心了。换作你的女儿，可能就是妈妈走了，我太伤心了，我没有妈妈的陪伴，我瞬间都不快乐了，别人家妈妈都是每天接送，我的妈妈不能每天接送，这可能是她内心的想法。我不是说不陪伴孩子，只追求事业就是错误的。当然陪伴家庭非常重要。在之后，当李校长自我不断提升、要多陪伴家人的时候，他都会义不容辞陪伴我们。我们暑假或者寒假喜欢出去旅游，连续旅游了两年还是三年，那段时间他虽然有很重要的工作，但是他依旧选择陪我们出去旅游。那段时间我们家庭团结也好，友谊也好，能量也好，都有很大的提升。家长不需要那么长时间工作的时候，一定要适当地陪伴孩子。当你真正陪伴了他，他长大之后才会来陪伴你。有空的时候，父母多看看自己的孩子，多带他，多鼓励他，多看看他的进步，看看他的成长，让他不断地提升自我，以后他才会反过来照顾你们。爸爸出差，我都是比较支持的，我不知道妈妈出差是一个什么概念，因为我妈妈基本上很少出差，一般都是陪伴在家里。这是我一个主观的看法。

冯谷怡校长：

好的，少乙。如果站在你的角度，假如柏老师现在也要出差，你们要如何沟通？我是想如何更好地与他沟通，他很不愿意的时候，我应该如何和他进行沟通这件事情。你站在你的角度来讲也是可以的，这种可能你没有经历过。

李少乙：

柏老师要出差，柏老师应该如何和我进行合理的沟通？因为我比较大，你的孩子比较小，可能说法不一样。我只能说现在柏老师经常和我说，过两天可能要去外地走一趟，我要去教更多的人插花技术，帮助到更多的人，这也是我的使命，希望得到儿子的支持，等我回来，我一定带你吃好吃的，多陪伴你，多参加我们新时代的活动，多听你分享。这些都是她说的，我是很开心的。

冯谷怡校长：

谢谢少乙。今天晚上的对话让我收获特别大，不管是我提问的问题，还是你刚才解答的，或者你和柏老师、校长之间的这些故事，我都很有触动，谢谢你。

李少乙：

好的，谢谢你今天能给我提出这么多的问题。

李绵军校长：

因为时间关系，咱们就做个总结，刚才冯谷怡提的问题，作为家长出差怎么和孩子沟通的问题。和孩子沟通时，父母一定要尊重孩子，和孩子平等对话，而且要说实话，说实话才有力量，也就是你需要出差，你的动机是什么，你的动机是你想要成长，也想提升，爸爸提升了，妈妈也得需要提升，你要给孩子如实地讲，你提升了之后也能更好地带动他，包括少乙讲的就是怎么样能带他，回来之后也奖励他，吃东西或者看电影或者逛游乐场，等等，和孩子这样的对话是非常有力量的。而且他也感觉到妈妈出差是非常上进的。对妈妈好，对家庭好，这个孩子听到了，他就有一种向上的力量，他长大了也会向上的，不用觉得小孩子听不懂，他也有独立的灵魂，他肯定能懂的。有时候我们担心孩子，不敢和孩子说，真实的东西不敢表达，事实上父母真实地和孩子好好地沟通，孩子是能理解的。有时候我们不敢说，担忧太多了。今天大家讲得都非常好，到这里就结束。刘韶平，你先开始做个总结。

刘韶平校长：

我们建立木兰会的时候，校长就推荐了我们听新生代和一些成功人士的对话，收获特别大。接下来他们的每一场对话，我们基本上都坚持听了。校长从前面 4 次开始，就把链接发到了我们的群里，我们大家都有机会来听。今天是第一次这样听，对我的触动很大，一开始的时候，我确实很紧张，听完之后，作为 80 后的家长，刚好面临孩子的成长，我们确实需要这样一个平台和新生代对话，达到信息对流。我们得到更好的提升和成长，也算是对我们原来做得不成功、不完美的一个改善，真的特别好。今天再一次这样听少乙的对话和校长的解析，感受特别深，最后又给了我们这样一次机会，都是我们想要的。希望少乙在咱们新生代一直将对话进行下去，感谢对我们的支持和帮助。我们的家庭和谐、夫妻关系和美，也会在这里画上隆重的一笔。在这里我得到了最大的收获，特别是刚才少乙讲到校长和柏老师互相的称呼和校长对柏老师的态度，让我们也受益匪浅。

林丽华校长：

首先真的是感谢少乙给我们的解答和分享，因为我们是做教育的，知道得越多，反而有了更多的担忧。对于孩子，包括另一半的这种期望值和期待也会很高。通过今天的对话，在这个过程中，我们不管是作为父母还是作为妻子，更多的还是要通过不断的学习成长，让我们自己的这种心胸，还有格局能够更宽广。我们要接纳孩子，还有另一半在成长过程中的不完美，包括在接纳自己的过程中，也要接受自己的不完美。因为很多时候，我们太过于焦虑和想要的东西太多了，这是今天特别大的感受。少乙才16岁，就给到我们特别值得成人学习的教育方法，这个是我今天特别大的一个触动。

冯谷怡校长：

我先总结一下，首先听了少乙分享的对话，我很有感触，孩子应该什么都懂。刚才他的分享有一点很触动我，当他听到爸爸妈妈在吵架的时候，他就很担心，很害怕，很恐惧，但是爸爸妈妈和好那一刻，他心里就高兴起来。他并不知道这件事给我是有触动的，有时候夫妻之间难免会有一些冲突，如果孩子知道了，他会害怕，会恐惧，如果我们和好了，应该和他讲一声爸爸妈妈前几天是因为什么事情有了不同的看法，所以有了冲突，但现在我们已经和好了，这点对于我来说是有感触的。从少乙讲解的过程中，感觉孩子其实什么都懂，我们要和他平等进行沟通，这点是我今天晚上感触比较深的。通过少乙分享的故事和对话，有很多点我是特别有感触的，需要深刻进行思考的。谢谢。

李少乙：

再次感谢所有木兰会今天的提问，每位校长的问题也带给我了很多启发。如果今天的校长不问我这些问题，我可能也没办法把之前的事情表达出来，把李校长和柏老师之前可能对我产生伤害的事情给大家说出来，这也是对我一个很好的提升。再一个就是关于我们后期的对话，虽然今天有一位还是两位校长没有机会提问，但是没有关系，我们后面肯定有机会，后面有很多新生代的成员，大家可以统一报名。我的时间是星期天的晚上8点。我会优先和今天没有机会对话的两位老师对话，大家可以随时找我报名，到时候朱育莹也会把大家拉到群里面。所以我也很期待大家和我们新生代的一些对话，也再次感谢一下今天所有在听的嘉宾、老师，还有李校长和柏老师，谢谢大家。

李绵军校长：

太好了，对话非常成功，刚才冯谷怡校长讲了一点，就是父母吵完架和好之后要和孩子进行沟通，这是非常好的方法。也就是说，父母吵完架之后能够和孩子讲一讲，对孩子心灵创伤的修复是特别好的方法。建议大家学习一下这一点。另外，我对柏老师用"老佛爷"这样的称呼，其实是Lilly教授教给我的方法，教授反复地给我传授这种方法，然后我就学会了，今天也传授给大家了，大家也了解了，我认为这种方法是特别有意义的。在我过去成长过程中，有非常多的心理学老师、心灵学老师的帮助，这种帮助对我来说是非常大的。这也就是说，我们在个人的成长过程一定要学习，要找老师，这是很重要的，这也是分享给大家的。我们期待着下一次和少乙的对话，下期的话题是关于小留学生留学的话题，大家可以思考一下有哪些这方面的话题。今天我们就到这里，感谢大家。

现在留学已经很普遍了，越来越多的学生加入留学的队伍中。其中小留学生也越来越多。留学可以提升自己解决问题的能力。面对困难的决心，留学可以使自己国际化。但在留学过程中，留学生会遇到很多困难，通过种种困难磨炼自己，成为最美好的经历，让这种经历成为牢不可破的壁垒。

李绵军校长：

各位校长，大家好，今天我们继续《对话少年》，探秘少年心声。今天晚上仍然是李少乙与大家对话，主要探讨孩子留学的话题。李少乙是 11 岁留学，实际上他从 10 岁就开始准备到美国读书，也就是在五年级的时候就准备申请美国的学校，准备英语考试等，后来在美国读初中、高中。今天晚上大家可以和李少乙探讨关于小留学生问题，就是关于留学生的留学生涯问题。

校长们可能对这一部分不太了解，我先和大家说一下具体的内容，大家可以围绕这些话题来提问。第一，孩子在留学之前，在国内就要准备英语考试，就是申请国外的高中也好，大学也好，他要考一些成绩，像去美国读书要考托福、SAT、SSAT 等，去英国读书要考雅思等，最后要拿到成绩。第二，申请国外学校的时候，申请流程和国内是不一样的，它整个体系是不一样的。孩子除了考试成绩之外，当然那个考试不是我们国内这种考试，除了考英语，还有考试能力、特质这些方面。申请的时候，学校要看孩子的综合能力，也就是国外申请学校，包括大学，学校不光看成绩，成绩只是一方面，要看孩子的综合能力，包括课外活动、组织的项目、社会实践、公益等。还有在申请的过程中，如何选择学校，包括填写的流程，填写完之后还要等着面试，有的是当面面试，有的是线上面试，有的是必须到当地学校现场面试，有很多的流程。面试提交资料的时间是每年的 12 月底之前，9 月就开始申请，12 月底是最晚提交资料的时间。通过的时间基本上是第二年 3 月开始公告，公告完了之后到 9 月开学，大体时间是这样。再往下就是孩子入学问题，入学之后，到了那里孩子可能会面临着吃饭的问题、住宿的问题，还有适应英语的问题，适应新文化的问题，包括和外国的孩子相处的问题，等等，一系列的问题又扑面而来。第一步适应之后，孩子还得融入它的文化体系，就是他的思维方式、生活方式，还要交到当地的朋友等，这些都是孩子留学基本考虑的问题，包括还要在美国结交社会上的朋友、华人朋友，给予一些联络、照顾等。李少乙对于这些都有了切身的体验，他申请过当地的私立学校，初中、高中都申请过，包括回到北京之后又申请了北京的一所国际学校，那个流程也一模一样。我先把流程给大家介绍一下，大家可以和李少乙探讨具体关心的话题。除了这些，关于和孩子互动方面的也可以穿插着提问。下面我们就由李少乙先简单地给大家开场，然后由王娅玲校长开始和李少乙互动。少乙，你先开始。

李少乙：

大家好，我是神墨新生代的李少乙，这是我第五次进行神墨少年新生代的对话了。前几天我们很多新生代的成员也和很多木兰会的其他校长进行过一对一的对话，大家对流程也是比较清楚的。我在这里不多做自我介绍了。刚才李校长简单概述了留学生活，还有去留学之前做的准备，怎样申请学校，以及怎样适应当地的文化和生活。所以在这里我也不多说了，准备开始我们今天的对话。有请第一位对话嘉宾。

王娅玲校长：

校长好，少乙好，会议室所有神墨家人，大家好。可能我和少乙没有见过面，前段时间才刚刚加了微信，还不熟。通过新生代的对话，以及在相关的一些群，我对少乙有了越来越多的了解，觉得少乙特别优秀。

我也做一个简短的自我介绍。我是80后，现在我有两个男孩，大的男孩是12周岁，小的男孩马上9周岁，刚好农历的话今天就是生日。大的男孩这一学期毕业，马上升入初中，目前还没有想到孩子要留学这样的规划。但是今天晚上这个话题，交流的主题是关于留学的，所以我也有一些疑问，也想和少乙有一些交流，也提前做一些了解，也便于我们后期万一孩子有这样的意愿，可以做一些准备。

第一个问题，你当时11岁，年龄还比较小，就开始出去留学。我第一个好奇的是，当初是你的爸爸妈妈提出来要出去留学，还是你自己有明确的一个意愿，去国外留学？第二个问题，我们刚才听李校长介绍，我们都可以想象，你们当初刚开始出去的时候，你经历整个流程下来，克服了很多困难，到后面我也看到你的这种成长和变化，确实你年龄这么小，留学非常成功，也很快地适应国外的学习和生活。所以我在想你过去的阶段，除了你所分享的以外，给你印象最深刻的事件，或者是对你的影响比较深远的这种初期影响事件有哪些？可以给我们分享一下。第三个问题，因为去年疫情，好不容易你适应了国外的这种学习和生活，融入了整个的大环境，也准备蓄势待发要好好学习，后又因为疫情被迫回国，你回国之后这一段的时间，因为刚适应了国外，又回来适应国内的这些习惯，包括找学校，前后应该说是比较复杂的，我就在想从去年到今年，你从国外回来以后，又对你的心理上有哪些影响？到现在应该说是不断地在接受着挑战和变化，而且越来越好，能否从心态各方面，给我们讲一下你的心路历程。

李少乙：

你第一个问题，关于我为什么要去美国留学？这当初完全是李校长做的决定，当时我是不知道的，我也是也没有选择的。李校长就是帮我们选择好了，说五年级毕业之后就出国，到美国加州圣地亚哥的城市里读初中。当时都是李校长直接决定的，柏老师的决定其实占的比例很少，基本上都是李校长做的决定。

第二个问题就是去美国那边之后发生的一些事情，我之前可能讲过很多遍了，我再重新想想。留学生活最深刻的就是刚去的那一年，就是六年级，那个时候很小，刚过完 12 岁的生日，我记得是大概 2016 年。那个时候去了之后我没有朋友，听老师讲课就等于"听天书"。在学校饭也吃不好，回到家之后也很无聊，作业不会写，没有认识的人，每天自己打发打发时间就完事了，这是当初每天我经历的一些生活。比较有转折性的一次，同样也是在六年级的时候，在学校遇到的一些事情，就是那边有很多外国学生歧视华人，对华人进行欺凌，当时我感受到了他们歧视的能量。当时也进行了比较重大的一个抉择，就是柏老师硬是让我去美国加州另外一所中英语双向的学校，相当于一个半华人的学校，让我去那边读书。当时我和柏老师发生了很大的冲突。最初我的信念还不是很坚定，但是在那件事情之后，在那所学校留下的信念更加坚定了，我说我一定要好好学习，一定要好好适应这种生活，适应这种文化，我不能做一个缩头乌龟，不能遇到点困难，就去别的学校避难了，这是我当时的想法。经历了七年级和八年级两年的磨合，当初也发生了很多事，学校说我成绩可能不太好，或者在课堂上不好好听讲，这方面学校都和家长聊过，但是这都是些小事，最后我还是熬过来了。这三年的生活，最初从平均成绩2.0，相当于中国的C，最终评到了一个3.5，相当于85分左右的成绩，我觉得还是挺好的，那段时间也磨炼了我很多。关于文化、社交还有语言这些方面，都让我提升了很多，我在美国初中经历了很多。高中时我去了东部波士顿，那边其实经历没有初中多，毕竟时间短，而且我去那之后很快就适应了。有了前三年的铺垫，看其他的同学，相当于是看见了前几年的我，感觉他们也是很不容易的，从中国到美国之后要尽快适应新环境。我当时也是很积极地帮助他们一起适应当时的生活。至于期间发生的事情，也就发生了这么多。第一是学校的校园暴力，对华人歧视。第二是和妈妈柏老师爆发的那次冲突，转学风波。最后一件是我们当时去美国波士顿，也是一个重大的决定。毋庸置疑，那个决定是很正确的。在美国就发生过这三个重大的事情。最重要的就是这三个。

第三个问题，关于去年到今年以来，我的心路历程是什么样的？首先我大概5月17日、18日到了北京，当时买的是5月3日的飞机，从洛杉矶飞到广州，坐的时间很长，一共是花了将近两天的时间到了中国，当时是北京时间5月5日的早上，天气非常热，做核酸检测也非常难受，之后就隔离了两个星期，隔离完之后大概在18日、19日。然后我回到北京，在家里休息几天，和父母做了沟通，买了点新衣服，理了发，都很开心的。过了两天，我有个好朋友，他叫孙虎博，大家可能都认识，他当时也在北京，我们两个就一起玩。柏老师当时提出了一个想法，让李校长和孙虎博聊天，看见虎博现在对自己的未来生活比较迷茫，两个人一起走路聊聊天；后来才演变成让我加入，就想到我们三个人在公园里聊天，这也是我们最初新生代的会议，就是这么简单。我们三个人大概在晚上七八点钟的时候，在家附近的一个小公园里面走走路、聊聊天，聊到自己想请 10 个人吃饭，想请谁，提出 10 个最想做的事情，这也是我们最初新生代的对话。最后这个演变成了现在的新生代，这是当时李校长给我们提的一个建议，让我们发展成这样的联盟，关注更多的青少年，更多需要活动平台的人，他们也需要这样的一次机会提升自己。所以我们新生代就成立了，这段时间我其实是很快乐的，每天能和我们几个新生代成员一起对话，下午我们一起去北京的一些地方玩，爬香山也好，或者我们在室内看看天文馆也好，都是很快乐的。我们期间还去了五台山，去了山东临沂进行实习，实习了两个星期，都挺好玩的。总而言之，新生代从 5 月到了 8 月，将近三个月的时间，我觉得很快乐，很有价值。我开学了之后，大家都开学了，孙虎博回到学校，我开始了网课生活，这段时间我是比较煎熬的，一开始的时候觉得还挺好玩的，上网课每天 8：00 开始，12：00 结束，一天只用上 4 个小时，还是挺有意思的。白天我也可以睡懒觉，完了之后下午想干啥干啥。当时大概过了一两个星期，我都是很开心的，每天可以出去打球、打游戏，晚上上课，写写作业就完事了。但是过了一两个月后，我就感觉这种生活很枯燥，没有一点儿生活的乐趣，没有体验到那种校园生活的乐趣。每天我只能通过电脑屏幕看见老师、看见同学，自己每天也就只能在北京到处转一转，也没有什么可玩的。身边的朋友都上学了，我只能一个人和我之前的一个美高的同学一起玩一玩、转一转。到了四五月，我们网课结束之后，我们才开始新的新生代，才有了现在我们的这些对话，我感觉这段时间很值得回忆。我这段网课生活，当时的心路历程是从开心兴奋到了枯燥乏味，最终得知自己要毕业，考到了新的顶级学校的时候，是又开心又兴奋，终于能够线下见到老师和同学们体验这种校园生活了，也是很好的。这也是我对于这一年网课生活的一个总结。

王娅玲校长：

少乙的心态特别好，通过你这段时间的分享，以及你几年的经历，确实能够感受到你的适应能力和应变能力是特别强的。我开始还在想当李校长和柏老师有想法让你们出国留学，你们可能自己也有这样的想法，但是我觉得你能够听从爸爸妈妈的建议，接纳接受，积极地做相关的准备。其实这也给了我一个启发，在李校长、柏老师引领下，你特别懂事和听话，也没有质疑为什么让自己去留学，特别好，也看到你为了适应国外的生活付出很多。那些高中毕业或在国内大学毕业后再出去留学的20岁左右的学生，适应起来都还很困难。但是听你回顾的时候，感觉你特别淡定，已经超越了同龄人，以及比你更大的这些人的一种状态。你给这些未来即将出去留学的弟弟妹妹做了很好的榜样。最后我还有一个问题想问少乙，你为了出去学习，选择学校、各种考试还是比较顺利的。假如有这样打算的神墨神二代们想出去留学，你有没有给他们一些很好的建议，或者是给我们这些家长一些建议？

李少乙：

对于快要出去的一些留学生，我给他们的建议是放平心态适应新环境，不要过于急躁或者焦虑，在那边肯定是会适应的，只是一个时间的问题。当你的心态放得越好，越平静，你适应起来才越简单。家长要多遵从孩子的意见，不要一律听别人说出国可能就是最好的途径，没有完全正确的，只有完全适合自己孩子的才是最好的。这也是我给出的两条建议。

王娅玲校长：

有的孩子可能因为性格或者志向根本就不接纳国外的文化，就想待在中国。你已经走出去了，也感受了国外的这种生活。你觉得哪一类的孩子建议可以出去，或者说在哪一个年龄出去更好，在高考过后还是在更早一些，或者是再晚一些，你认为哪种最好？

李少乙：

其实没有固定的要求，没有什么时候出去是最好的，只要他高中毕业了，想去国外留学，感受一下那边的气氛，就很适合他。他读完大学之后去那边读研，我觉得也很好，完全是在个人的意愿之上，没有哪个时间段是最好的。如果现在让我选，我现在可能会选择初中毕业，再去那边读高中，可能这是我现在的选择，但是我也从不质疑当时的决定，因为初中那三年给了我很大的锻炼。没有一个正确的答案，就看自己意愿，自己是怎么想的才是最正确的。

王娅玲校长：

因为每个孩子是不同的，应该说更多的是对我们家长提出了很多的挑战，就是要去做很好的引领。今天也特别感谢少乙，这段时间通过你的各种分享，我们这些家长，包括这些"神二代"得到了很好的启发和引领，也特别期待你们这些分享，你们在前面带路，他们能够成长得越来越好。祝福少乙越来越好，谢谢你。

苏丽君校长：

李校长好，少乙好，我是来自山东泰安的苏丽君，非常开心能和少乙进行对话。我介绍一下，我的大女儿今年初一，12岁，我的二女儿比较小，还不到一岁。我的大女儿对我们这个对话非常好奇，所以她想问你几个问题：第一个问题，你出去留学的目的是什么？第二个问题，美国跟国内对比，你觉得最大的区别是什么？核心的区别是什么？你面临的最大挑战是什么？还有就是在你留学期间，最大的三个收获是什么？第三个问题，因为你之前在美国留学过，了解的可能更多。对于孩子做心理咨询，你是怎么看的？这方面我也比较感兴趣，心理咨询都是来自西方，现在中国也有这样的现象。我发现尤其是孩子上了初中之后，开始做心理咨询的很多。这种心理咨询大概是这种情况，家长觉得这个孩子没救了，这个孩子管不了了，或者这个孩子很极端，或者孩子没有觉得自己有问题，家长觉得他需要做心理咨询。你是怎么看待孩子做这种心理咨询的？我自己有一个深刻的体会，有这样的一个经历。之前我这边承办了一期催眠课，那个老师也给孩子们，像初中、高中这些孩子做这样的催眠案例，我就特别想争取一个单独的机会，想给我的女儿做一次，但是我女儿非常排斥，结果也没弄成，只是简单聊了一下。在这个过程中，我在想是不是孩子不需要，因为这个现象在中国是比较多的，尤其到了初中之后，所以对青少年做心理咨询这个事，你是怎么看的？你又有什么样的建议？

李少乙：

我就先从第三个问题开始，因为第三个问题和前两个问题不太一样，对于心理咨询，我的了解相对来说比较少，我大概能想象到，让一个孩子参加心理培训、心理治疗这样的课程。如果孩子非常不愿意，就完全没有必要，这些顾虑都是建立在家长的顾虑之上。家长觉得孩子需要这方面的治疗，但是孩子们觉得他们内心完全没有问题，他们每天过得开开心心的。只是家长觉得孩子做的一些事情、一些行为举止和自己的不符，就觉得孩子有问题，担心孩子心理上出现了什么问题。我要带你去心理咨询师那儿看一看。孩子心里可能也会想，我的观点和家长的观点不一样，是不是家长脑子或者心理也出现了问题。他觉得家长才应该去心理咨询师那里。我觉得最大的一个问题就是家长过多的焦虑，而且我听了很多之前对话的问题，大部分都不是关于孩子，都是关于家长自身的焦虑，都是家长觉得孩子需要这个，孩子需要那个，孩子需要建立一个兴趣，孩子以后该找什么样的女朋友，该怎么结婚，那都是家长现在的顾虑，孩子现在估计根本就没想到这些，而且现在这个社会是独立的社会，不能再用以前那种思想去看。我也没有批评心理咨询。如果让孩子做他自己不喜欢做的事情，做家长认为对的事情，孩子肯定不喜欢。还是之前说过那句话，多尊重孩子，多探讨孩子心里到底在想什么，尊重他们的意见。可能有些孩子喜欢和心理咨询师沟通，你要想这样做，完全可以，家长支持，又不是什么伤天害理的事情，这是一个很好的锻炼过程。但是如果孩子不想，而家长顾虑太多了，觉得你的行为举止太不正常了，你该去心理医生那儿让心理咨询师看看，他肯定完全拒绝。你觉得他在否认自己做过的事情吗？不可能。毕竟他还是一个孩子，大人现在都无法做到承认自己的错误，对一个小孩儿来讲太难了。所以我给大家的建议，还是要倾听孩子内心的想法，了解孩子内心的世界，家长多了解孩子，多以一个旁观者、一个朋友的身份和他们相处，不要以以前那种传统思想，父母在上、孩子在下那种身份去和孩子沟通。现在讲的都是人人平等，人和人之间需要尊重。家长和孩子之间更需要尊重，这是这个问题。再回到前面的问题，问题是大女儿问我去美国那边留学，问的为什么？

苏丽君校长：

去留学的目的是什么？她就很好奇。

李少乙：

如果换作当时的我，留学的目的可能就是开阔眼界，看看另外半球的生活是怎样的，体验那边的生活。可能现在我觉得去那边的目的是可以锻炼自己各方面的能力，跳出自己的舒适的环境，感受异国的花香，一些风情也好，那边的一些传统文化也好，那边的风俗也好，总而言之跳出自己的舒适区，去尝试接触新的朋友、新的地方、新的环境、新的食物，还有一个新的家，这都是非常好的磨炼。

第二个问题问到了中西方最大的差异在哪里。对我来说，因为我还是学生，我小学在中国上的，初中和高中在美国上的，所以对于我来讲，最大的差异，我只能说从教育上面来看，因为大家都是做教育的。中方的教育我不用多讲，大家都知道，一个横向比较，别人家的孩子学什么，我家孩子学什么，别人家的孩子考100分，我们家的孩子也要考100分，别人家的孩子第一名，我们家的孩子就要超过他，也要当第一名，这是中国的家长的一个教育理念。我没有说这样的教育理念不对，只是说它是一方面，有对也有错。西方的理念是怎样的？是竖向比较，我不拿你和别的孩子比较，我就比较你自己，你如果有成长，我就是表扬、鼓励，如果你自己状态下滑了，也需要多鼓励。因为美国那边都是鼓励教育。我举个例子，比如在中国考试，可能第一次考试，你的孩子考了80分，大概排名在30名。第二次考试，他考了90分，但是排名没变，因为卷子简单，也可能知识变得简单了，变得轻而易举了。家长会怎么想？家人会想没有变化，你这排名没变化，你以后考大学还是过不了一本线、二本线，你没大学可读。但是在美国，家长看的是你自己提升了多少，你第一次考了80分，第二次考90分，这就是进步，进步整整10分，不要比较那些排名，没有用的，要多看孩子进步了多少，不要说题简单了，或者孩子智商没变，还是和以前学习一样，其实并没有。有可能所有孩子都进步了，大家的学习能力都提升了，自然分数就上去了。所以说这是在教育上两个最大的不同的观念，中方就是横向比较，拿自己的孩子和别人的孩子比；在西方，就看你自己成长了多少，没有什么攀比心。

苏丽君校长：

还有你最大的挑战，应该你也讲过了。在这个留学过程当中，最大的挑战，你觉得是什么？

李少乙：

就是我刚去那一年，适应美国生活，和母亲爆发了一次冲突，是最大的一次。

苏丽君校长：

你觉得你最大的三个收获是什么？

李少乙：

第一个最大的收获就是自主独立；第二个，勇敢向前；最后一个就是坚持不懈、持之以恒。这三个是最大的收获。

苏丽君校长：

我的问题问完了，我总结一下。少乙真的是非常敏锐，每个问题都回答得非常好。第一，关于心理咨询，实际上我们要解决的并不是孩子的问题，就是家长太过焦虑。真正要做咨询的其实并不是孩子，需要做咨询的其实是家长。所以不是孩子焦虑，是家长太过于焦虑，这也是我们应该看到的一点。第二，我听到你在回答关于留学目的，这个回答非常好，是拓宽眼界，然后去体验，去锻炼自己。这是我们出去的一个核心目的。你抓得很准，尽管当时你自己也不知道为什么，好像是爸爸安排的，但实际上你内心已经动了，我要出去看看，我要开阔眼界，我要去体验，要去锻炼自己。这一点你应该是在内心已经有了这样的一个种子。对于最大的一个区别，你讲到了教育上的区别，的确是这样子。你在讲的过程中，我有一个感受，在西方，孩子天性能够得到保护。当然现在我们中国的教育也在逐渐地走向这一方面，包括像我们神墨，实际上也是注重天性教育。你在讲完这个区别之后，我们更加坚定做这份教育，我们要做孩子的这种天性教育。到底是什么天性？实际上你讲的这个案例，就是这样的一个真实呈现。我们对于成绩的这种比较，中方和西方对于成绩这种比较，实际上就是对孩子的天性是否尊重、是否保护，实际上核心在这里。你刚才说的最后的这几点，你的这种收获、资历，非常独立、勇敢，坚持不懈，真的是非常棒。因为之前听你哥哥讲历史，我也特别有收获。自从听了你的对话，发现你们哥儿俩真的是太优秀了。我非常喜欢你，干脆利索，并且都是直达要害。从你们哥儿俩身上，我真的是收获了很多，个人对于孩子的这种教育上也收获了很多。非常感谢少乙，也非常感谢校长。

刘培校长：

校长晚上好，少乙晚上好，各位聆听的校长们，大家晚上好。我是来自安徽芜湖的刘培，我也是一位80后的妈妈，我的孩子今年8岁半，9月要升入小学三年级了，他是一位小男生，现在也正在和我一起聆听这个对话。今天晚上对话是个特别难得的机会，我也看到了今天对话的主题。就我的感受，虽然孩子现在年龄还小，关于留学，一切皆有可能，也很开心能够认识这么一位阳光、有智慧的哥哥。其实无论是留学，还是长大后的任何一种选择，都是成长的选择。我有几个问题想问一下少乙，因为你在美国是学习生活了3到4年的时间，我们在国内其实也非常浅显地了解西方的教育思想与国内教育理念的区别，只是从来没有亲身地体验过。我们在教育的培训行业当中，感受到很多中国的父母带着孩子来学习，给孩子选择兴趣的课程，可能有一部分是真正契合了孩子的兴趣点、孩子的爱好；但是有一部分，它可能偏离了孩子内心真正想要的。我想问少乙的是，你在国外学习的这3到4年间，你的兴趣类的课程有哪些？或者你在国外的学习之余有参加过哪些社团类的活动？这是我的第一个问题。第二个问题，在国外的学习中你最大的快乐是什么？而且你的成就感主要是来自哪里？第三个问题，你对我们国内读书的这一批新生代有哪些好的建议？以上是我的三个问题。

李少乙：

第一个问题就是关于我自己在那边上的一些兴趣课，其实在那边兴趣课基本上都是我自己选的，就是打篮球、打网球之类的课程，都是我自己比较喜欢、自己比较想学的。另外一个是童子军，可能大家不太知道这样的项目，我先给大家科普一下。这个童子军就很类似于我们现在的新生代，但是那边是没有对话的，没有像我们这样有很深度、很有意义的对话。童子军更在意的是户外的一些活动，比如爬山，背着比自己还要高的一个包，去几公里外爬山，住帐篷，在那儿住下，自己做饭，再回来，这是体育类的。还有比如做社区服务，我当时跟着童子军一起给那些跑马拉松的人送过水，去河边、沙滩边清理过垃圾，帮助退役的军人参加当时的一个活动，这些都是一些公益活动，都是我们现在新生代需要借鉴的，也是非常有意义的。还有那边会学习一些生活上的小技巧，他们有一本册子，上面写了好多内容，比如到野外要系一个什么绳子，系一个什么结，怎样系。比如划船的时候怎么划，游泳的时候告诉你每个泳姿该怎么泳，或者遇到了一些特殊困难的时候，被烧伤了该怎么弄。童子军这个活动都是很有意义的。我认为到目前为止，我在那边上的兴趣课中最有意义的就是童子军这样的一个项目活动。童子军不仅锻炼了我自己体能方面，也锻炼了我的心智、我的耐心。比如去爬山的时候，我有耐心、坚持不懈的这样的能力，童子军是很重要、很有意义的。我们现在的新生代也借鉴了西方的一些东西、一些活动，再融入我们自己的一些东西，像这种对话来激励大家，一起鼓励，一起成长。第二个问题是关于什么来着？

刘培校长：

第二个问题就是你在国外的学习生活中最大的快乐是什么？你的最大的成就感来自哪里？

李少乙：

最大的快乐就是看见我自己的成长，包括成绩。我看见我自己的GPA从2.0慢慢升到了3.0，最后升到3.5，基本上上升到了那边的荣誉名单中，GPA必须到达一定的高度才能到达那个荣誉栏目，我觉得也是很荣耀的一件事情。我作为一个留学生，一个外国人，居然能够上到他们学习的荣誉名单当中，打败了很多当地的美国人、一些本土人。这是我感到比较有成就感的，就是在学习上面，成绩上面。第二个就是文化上面，我不断地在适应他们那边的语言、那边的教育、那边的食物、生活，我是很有成就感的。我看见自己从一开始听老师讲课和"听天书"一样，到最后完全能听懂老师在讲什么，而且还时不时地能和老师互动。从一开始和同学不知道怎么和他们交流，不会和他们玩，最后到了我们可以一起爬山，我和他们打成一片，这给我自己带来了很多快感、很多快乐、很多开心。

最后一个问题，我记得很清楚，是关于给这些新的新生代未来的一些建议。其实大概就像我说的，做好自己，不要被学校、家长、外界的一些声音束缚住，做好真正的自己才是最好的。就和外国那些教育理念是一样的，独立教育。而独立就需要自强不息，不需要外界的干涉，选自己想选择的那条路。条条大路通罗马，你自己选择想要哪一条路，这都是你自己的选择，没有人可以干涉。在中国，家长也好，老师也好，外界的一些环境也好，都在不断地干涉孩子做出一些选择。可能他们一开始做的选择是对的，但经历过外界的一些洗脑之后，他们就不会做决定了，做决定很艰难，而且很痛苦的事情都会交给自己的家长和老师来做。我觉得这是不太正确的，需要改善一下这样的一个观念，就是让孩子自己做决定，自强自立。

刘培校长：

我一直非常认真地在聆听，也特别感谢少乙。我也做一个简短的总结。之前听与现在和少乙对话的感受是完全不一样的，我能够更真实地感受到少乙的这种坦荡，这种力量感，他不光是新生代的榜样，也是我们要成长的一个榜样。刚才少乙说到自己最大的快乐，其实我立马想到了，孩子其实和大人一样，他们最大的快乐也是这种进步和成长。这一点特别触动我，就像我们现在神墨人说的一样，成长是我们的核心，特别尊重了自己的内心，包括最后一点给到新生代的建议，因为我的孩子也在旁边和我一起聆听这个对话，最后的对话已经在无形中给孩子一颗种子，也是在给他一种力量，因为现在的孩子有太多的地方依赖父母给答案、给选择，最后给了一条路。就像刚才少乙和我们分享的，就是在这个对话中，一定是要从自己的内心出发，跟着自己的这种直觉勇敢地面对自己的选择。特别感谢少乙，也特别感谢校长以及我们木兰会给到的对话。非常感谢给我的这次机会。

刘韶平校长：

少乙的回答特别精彩，真的是非常好的一个视野，还打开了一个视角，真的特别好。接下来请明小双校长。

明小双校长：

李校长、少乙晚上好，还有我们会议室的各位校长们，大家晚上好。特别开心能够有这样一次和少乙对话的机会，平常我自己就特别喜欢和孩子聊天，和孩子聊天的过程很开心，这样能够了解孩子们的想法，这个过程可以更好地了解孩子，之后能更好地帮助他们。在对话之前我已经有很多的问题想要问少乙了，听完前面几位校长的对话，感觉问题变得更多了，对于留学这个事情，我特别好奇。第一个问题，刚才王娅玲校长也提到了，就是出去留学这个事，我之前想问你是有明确的目的去留学，还是听父母的安排，后来听你说是在五年级的时候李校长安排的你去留学。那就是你从不知道到接受，再到为出国留学做准备、做努力，当时你内心的感受是怎样的？内心的变化是怎样的？还有因为你一开始是不知道的，李校长告诉你要出去留学，这个过程中，你和李校长之间是怎样做到目标一致的？怎样统一这个目标的？第二个问题，刚才也听你分享了，也听校长说了，在国外学习的时候，成绩和语言考试是必备的。除了这些之外，还需要具备哪些能力和品质？为什么具备这些能力和品质能够让你更好地去国外留学？还有综合能力，因为你也去美国的学校体验了，美国的学校是怎样培养孩子的这种综合能力的？怎么样能够让孩子更全面地发展？

李少乙：

我讲一下第一个问题，从得知这件事情到去美国这段时间心里的想法。其实刚开始李校长和我讲，让我准备那边的资料，要去美国上学的时候，我开始是很反感的。因为当时我在上小学，也不懂事，而且在五年级，那个时候班里的朋友很多，会一起去玩，去打篮球，当时生活是蛮好的。但是李校长说我们要去美国读书、生活，当时我是不喜欢的，而且要上英语课，每天都得学英语，还很辛苦的，反正内心就是比较反感这件事情。当时我也问过李校长，到底去那边有什么好处。李校长和我讲，等我慢慢适应了之后，自己就会明白美国的生活和教育是不一样的。我开始从比较气愤到慢慢接受，已经成了事实之后，我只能接受去美国。去了之后，因为我又像"听天书"，没法和同学打交道，吃得不习惯，住得也不习惯，之后我就更加气愤了，问我到底是来干吗的，我在中国待着不好吗？我在中国待着有朋友，我吃得好、住得好，学习成绩也都是班里一流的，我为什么要来这个地方？当时我也问过自己很多这样的问题。这些问题直到我去了美国东部才给了我答案。我知道虽然这段时间比较辛苦，但是磨炼是很重要的，是必不可少的。当初去了美国东部，我看见其他中国学生在这个艰难的过程中适应的时候，我才真正感受到了当初李校长为什么让我去美国适应那边的学校，感受那边的教育体系，还有文化，都是很重要的。所以李校长也算是给我做了一个很明智的选择。虽然我自己当时不喜欢，但是李校长以他独特的战略眼光，帮我做了这样的一个选择，也是很好的。当时我可能会有点反感，但是回过头来看他是正确的，是一个很对的决定。关于第二个问题，他们是怎样培养出来这样一个自主的能力。具体是什么？能不能再说一下？

明小双校长：

除了必备的成绩考试和面试语言能力之外，孩子们出去留学，我们父母可以提前培养孩子哪些能力或者哪些品质，能让孩子更好地适应学校生活？我们的孩子需要全面发展。那么在美国学校，他们是如何培养孩子的综合能力，以及让孩子全面发展的？

李少乙：

除了考试成绩和面试，美国学校很看重个人。比如当他们看到坏学生的时候，他们能感觉出来这个人可能就是那种不三不四的。通过面试，他们一眼就能看出来，那边老师也有很独特的眼光。我们需要准备什么？我觉得需要准备的很多。孩子需要有这种自主性，有这种独立性。美国老师和中国老师完全不一样。中国的考试，你考差了，给你叫家长过来让你抄题抄多少遍；美国那边，你考试考得再差，老师一句话都不说，最多就是说下次加油，祝你好运。他们根本就不管，这都是孩子自己的决定。这些老师都不操心的，老师只做好老师应尽的职责就好，把这个课教完，把这个试考完，剩下全交给你们自己来选择。你考成 0 分，考成 100 分，都是你自己的选择，我不干涉，我也不会批评，我只会不断地鼓励。你考差了，我会说下次加油；你考好了，我会说保持这样，下次一定再考 100 分。美国从小就培养学生这样一个独立自主性的性格。比如在美国，我看过很多小孩摔倒了，他们都是让小孩自己爬起来的，没有像中国父母一把抱起来，搂在怀里面。他们那边不一样的，都是让孩子自己站起来，跌倒了之后，都是让他们自己爬起来。还有一点，我觉得印象比较深刻的，就是那边家长给他们零花钱。在中国，家长给小孩零花钱，比如你考试成绩好，奖励你 500 块钱，你做了哪些事情，我给你点钱。可能也有一些，比如一个月我给你 500 块钱，用作你的零花钱。在美国，他们是不一样的，他们的零花钱是挣出来的。在美国，比如周六、周日，他们会帮助家里人，就是帮自己的爸爸妈妈洗车、除草，或者做一些公益活动，这些家长看到了就会给孩子钱。比如，今天你帮我洗车，把这个车子洗好，我就给你 5 美元。你把草都锄好了，我再给你 10 美元。这个钱都是靠自己挣出来的，这才是属于他们真正自己的钱、自己的零花钱。他们这种感觉是很自主、很独立的，而且家长从来不干涉孩子怎么花这样的钱、花自己零花钱，你买什么东西都好，我不干涉，反正这都是你自己挣来的、你应得的。但中国不一样，你花钱买什么东西，家长都要管的、都要看的。比如在给什么游戏充值，父母都是很气愤地说，你这干的什么玩意儿？还给游戏充值。美国不一样，孩子给游戏充值时，家长说，OK，这是你的选择，你零花钱少了，你自己看着办。像这些生活中的小细节都能体现出美国那边的一些自主、自立、独立性这样的思想。中国现在可能比较缺乏这个，父母要让自己的小孩自己做这些选择，让自己变得更独立起来。

明小双校长：

少乙，太感谢了。刚刚听了你的分享，第一个问题，有一个我认为特别好的地方，就是当这个事情变成事实之后，你说的就是接受它。最后通过你这几年在那边的经历和锻炼，虽然是比较辛苦的，但是这种锻炼和磨炼对你来说是必不可少的，并且带给你了很多成长，这种应该是叫思维方式。最开始这个事情虽然不是我选择的，但是我最后通过自己的努力和接受，把它变成了一个好的结果，把它变成了一个好的事情。我觉得太好了，少乙。非常感谢你给我们分享的，无论是你自己内心的想法，还是你分享的在美国教育中父母怎样让孩子更加自主和独立，都特别好，感谢你。也感谢校长提供的这样的对话平台，非常感谢木兰会能够给我这次对话的机会，希望以后还有机会能够和少乙对话。

刘韶平校长：

因为现在只有 9 点钟，校长我们就再邀请两位来提问一下，好吗？因为少乙回答得特别好。

李绵军校长：

可以，你们安排就可以了。

刘韶平校长：

李肖校长，你先提问一下，好吗？你先和少乙互动。

李肖校长：

好的，李校长好，少乙好，还有咱们全国各地的校长好。我先做一个自我介绍，我是来自河南开封的李肖，加入神墨时间也非常长了，从 2007 年开始就已经加入神墨了。今天听到少乙和前面几位校长的对话后，突然间感到自己的眼界开阔了。在此之前我没有想过让我的孩子出国留学，虽然在开家长会的时候，包括我们的英语课程和家长推广的时候，我一直也知道一个概念，就是我们的孩子将来他的活动范围肯定是在全世界的，不能局限于当下我们所在的区域或者我们自己的一个国家。

因为我是从农村走出来的孩子，可能在眼界和格局上，包括思想上面就没有那么超前。刚才听到前面几位校长和少乙在对话，确实让我忽然间就开了眼界，这样的感觉很美好，好像有东西忽然间就打开了一样，觉得孩子在国外也可以像在国内一样成长得很好。看到少乙和校长们对话的那种清晰的思路、这种语言的逻辑，我非常羡慕少乙，现在能这样的优秀。我就假想一下，我的孩子将来如果在全世界范围之内活动，应该是一种什么样子。我没有太多的问题，就问一个问题，因为这个问题可能和留学没有太多的关系，可能和亲子方面有一点儿关系。就是少乙在和李校长、柏老师去美国之后，因为我们都知道校长特别忙，每天陪孩子的时间不多，都是在为我们的神墨事业一直奔波，在全世界各地走。父亲在引导孩子成长这方面，少乙，你父亲对你的教导有什么样的启发？我们国内的孩子，可能父母天天陪在孩子身边，李校长在你身边的时间并不多，而你今天成长得这么优秀，李校长在你成长的道路上给你做了什么样的引导和引领？

李少乙：

李校长在我人生中充当了一个什么样的角色？给我提供了一个怎么样的引领？新生代之前，李校长给我们讲过一些东西，有一个话题，一个企业要有高飞的鹰、镇山的虎，还有叼肉的狼，以及看门的狗，可能大家对这些都听过，这些缺一不可。在家庭中，对于我来讲，这也是缺一不可。李校长在我们家庭中就承担了高飞的鹰这样一个角色，给我们提供了很多好的平台。他的眼界、他的心胸，包括他对自己不断提升的一些开发，自己内生的一些开发，都是非常有远见的。举个例子，比如他现在的生活已经很好了，是一个成功人士，但是他还在不断地学习，不断谦虚地向别人讨教，向社会上不同的人学习，这也是一个非常好的品德。所以李校长之前给我提供的一些建议，我都会言听计从。他提的这些建议我都很有感受的，毕竟他在我们家中担任了一个高飞的鹰的角色，他的眼界肯定是我们家中第一的，他做出的抉择肯定有他的道理，有他的理论。李校长在家庭中陪伴我们时间比较少，但是他在战略规划，就是规划我们未来前途以及未来目标上有一些启发，做出很多引导。比如对我们新生代，李校长每天多忙，他每天要和校董讲课、讲道论，但是他还能在每天上午9：30到12：30抽出整整三个小时的时间和我们这帮新生代一起对话，这就很值得的。这段时间的付出，我们都看在眼里，李校长每天给我们讲课，我们自我的提升，都离不开李校长这段时间给我们的帮助。虽然在美国那段时间，我们见不到李校长，他经常会出差，但是我还是相信他能把神墨的事情处理好，也能抽出时间来在家庭一起陪伴我们，在我们家庭中发表更有远见的看法。这是一个很好的父亲所应该拥有的品质。

在这里提到了父亲，也脱离不了母亲，就是柏老师，我得重新再讲一遍柏老师。刚才说到了李校长对家庭的付出是很大的，但是再大也比不过柏老师。柏老师全程和我们一起在美国度过了艰难的三年，对她的挑战比我们都大。我们起码在学校有新的朋友，有同学、老师陪伴着我们，但柏老师没有，柏老师在那里每天生活很消极。她在那里没有一个伙伴，她就每天插插花、弹弹琴、浇浇水这样子。虽然那段时间她很消极，但是回过头来，她对我们家庭的陪伴，作为一个母亲，她是尽职尽责的，所以她在我们家中担任了镇山虎这样的一个角色，把我们家照顾得好好的，稳住了我们家。我们这个家之所以能这么和谐，这么友爱，都离不开柏老师对我们的付出、对我们的奉献，她把她人生中很重要的三年时间给了家庭，所以我要对柏老师牺牲这三年做出一些回报。我以我好的学习成绩、适应那边的生活，给了柏老师回报。至于最后一个角色，比如说像叼肉的狼，我觉得就像我、我哥，还有妹妹，我们都在外面学习，把肉叼回来，让父母开心，这都是非常不错的。在这里还要重新感谢李校长和柏老师在家庭中给我们三个小孩的关注，还有关爱。

李肖校长：

特别棒，少乙回答的正是我想所了解的，父母什么样就决定了孩子什么样。在我们培养孩子的过程当中，你的眼界和格局决定了孩子的眼界和格局，带给孩子的引领是不一样的。所以我自己在培养自己孩子的时候，也有这种不自信或者担忧，常恐自己无远见而误儿女一生。自己在真正行动的时候又有很多的顾虑。少乙给出来解答之后，我觉得在这样一个家庭中，无论是父母做高飞的鹰也好，还是看门的狗也好，付出也好，引领也好，我总觉得不要顾虑太多，把自己真心的爱付出给家庭、付出给孩子，在事业上面能够起到更多的引领。对孩子来说，这都是很棒的。谢谢少乙，我的问题结束了。

刘韶平校长：

特别精彩，刚才少乙对整个家庭的一种理解，还有咱们李校长对整个新生代的引领都特别棒。刚才少乙提到了柏老师，柏老师每一次的对话我都全程聆听。柏老师，我们想听您表达一下。

柏小溪老师：

每期听李少乙的对话，对我来说，都是一种特别开心也特别骄傲的一件事情。虽然我和李少乙在美国一起经历了三年的时光，但是留给我们更多的是面对困难的勇气和坚持，还有永不放弃的决心。这是我和少乙在美国三年取得共同进步的最大成就，我是非常开心的。实际上，美国的生活让我非常开心，原来一提在美国三年，我心里还是多多少少有一些东西，心里面给我留下了一些东西，但是今年和李少乙的这几次对美国经历的一些梳理与重新解读，我对美国这三年的生活回忆起来感觉特别有价值。这提醒我们在面对任何一件事情时，我们都要勇于发现它优势的一面，看到它带给我们好的一面。这样就把当时的困难转化成了一种力量，转化成一种经历、一种经验，特别是听到李少乙最后表扬爸爸的时候，又不忘感恩妈妈，对妈妈这一番的评价，我心里是特别欣慰。无论怎样，妈妈对孩子的付出永远都值得，作为父母都是愿意去做的。每次听李少乙对话，我都听得特别认真，这也是特别骄傲的一件事情。谢谢少乙，也谢谢木兰会给这么一次机会让我表达一下我的心声。谢谢。

刘韶平校长：

因为我们从周一开始就和新生代进行一对一的对话，他们的视角，还有他们的力量都特别强。今天我们又打开了一个国际视野，刚好少乙真正出国留学过，所以我们的收获都特别大。李校长，接下来请您给我们总结一下。

李绵军校长：

我认为你们的对话都特别精彩，都很透彻。我就不说了。接下来，你们对话的每个人做一个简单的总结，今天大家有什么收获；总结完之后再由李少乙做总结，然后结束。另外刘韶平，刚才有几位校长在对话的过程中，孩子都在旁边。你和新生代做一个对接，你负责和朱育莹做一个对接，统计一下整个神墨人、新生代的情况。朱育莹上次在组织新生代报名的过程当中有个APP，可以在APP上填写信息，你们和她请教一下APP的用法，这种方法应该特别方便。所有木兰会的成员，还有神墨所有的校长，包括有孩子的主管校长，25岁以前的都可以统计，大体有多少。比如0岁至3岁有多少？3岁至7岁的有多少？7岁至12岁的有多少？12岁至15岁的有多少？15岁至18岁的有多少？18岁至21岁的有多少？21岁至25岁的有多少？你们做一个统计。统计出来之后，可以组织新生代在网上和这些孩子做专项的对话，这样互动也很有意义。

刘韶平校长：

我们收获特别大，我们走进了00后新生代的世界，知道他们对一些事物的认知、角度都很不一样。我们平时和孩子其实没有这么平静地对过话，在对话的时候，比如说我昨天是和虎博对话，从他的语言中就知道什么样的家长能够带领什么样的孩子，这个孩子的视角是什么样的。你看他通过加入新生代，他想报雅思，他也想走向国际。他现在是22岁，这对人生的目标是有升华的，所以真的特别好。刚好校长和我们说，一对一时可以和孩子交流和互动，其实我们每次对话时，孩子都在旁边，真的特别好，感谢校长。

李绵军校长：

刘韶平，我看到高仁菊校长留言，他想提问一个问题，可以请高校长提问一下。

刘韶平校长：

好的，高校长有请。

高仁菊校长：

谢谢李校长、刘韶平校长，还有少乙、柏老师。因为新生代会议我自己在听，当然很吸引我的也是新生代，但是我闺女年龄比较大了，她是1998年出生的，她现在已经参加工作。上次总校长来临沂，4月时她已经加入神墨。她现在面临一个问题，她之前学过10多年的舞蹈，感觉她心里好像还是放不下，进神墨也是她自己同意的。有一次她舅舅和她聊天，说要不然你就不干了，她说那不行，还有学生没有老师接，就感觉她这边也放不下，舞蹈好像还有点放不下。但是在我的心里，我就想着我给她2至3年，甚至是3至5年的时间，让她做一个最终喜欢的选择。我不知道站在我这个角度思考的这种想法是否合适。

李绵军校长：

少乙，你怎么看高校长这个问题？她的女儿是在国外留学学的舞蹈，然后回到国内了，现在在神墨当老师。她妈妈考虑孩子关于兴趣和工作之间怎么样抉择的问题，你听明白了吗？你谈谈你的看法。

李少乙：

我听明白了。学了11年的舞蹈，这样一个过程就很重要，毕竟11年不是一个小数字。如果她真正喜欢舞蹈，很热爱跳舞，她可以选择放弃现在从事的事业，当一个舞蹈老师，或者当一个舞蹈演员。如果她觉得做神墨、做老师能更使她开心，更使她有责任感，她就可以把舞蹈当成一个兴趣，她可以有空的时候跳跳舞，做做兼职，做做舞蹈老师也好，这些可以做的。这取决于她自己，她认为哪一份工作、哪一份过程能带给她更大的喜悦感，带给她这种责任感和一种成就感，这是很重要的。我认为这两者都非常好，做神墨也很好，去跳舞班也很好，没有对错之分，只取决于她更喜欢、更偏向于哪一个。您可以回去问问她，或者主要让她选择，她觉得哪个更有成就感、最有喜悦感或者哪个最有责任感。

李绵军校长：

高校长，这个问题我也认为应该尊重孩子，孩子已经大了，她自然有她的想法。作为父母，我们托举她就行了，她有什么想法我们尽量尊重她，这是最恰当的。像在国外，孩子 18 岁以后，家长都不管了，实际上小的时候家长都管得很少。父母要尊重孩子，尊重她的选择，她一定会考虑的。这是我的建议。

高仁菊校长：

谢谢校长，谢谢少乙。现在我也是在尊重她，因为让她放弃，她好像有点责任在里边。我让她进入神墨，是想让她加入新生代，促进自己心灵的成长，包括后期沟通能力。有一次她说了一句话，她说我进神墨，就是因为会让高仁菊开心。她是说她当时的选择是这样的，但是现在她也没说要放弃神墨，所以在工作的时候可能有的时候会累一点儿，当然我也理解。有的时候她会表达一下，我觉得我教舞蹈应该还是很好的，穿舞蹈的衣服时特别开心。我现在也尊重她，慢慢自己好像是和自己在磨合。我以前有的时候会想着具体要她怎样做选择，现在我基本上没有了这种想法，就想着给她时间，让她自己做出选择。现在是这样的状态。

李绵军校长：

我认为孩子在神墨的实习或者工作对她的成长帮助是很大的。因为他们都还没有工作，所以假期没事可以组织他们交流探讨。孩子在神墨实习就是很好的磨炼，现在孩子是不是已经在临沂学校工作了？如果没有工作，孩子可以来北京，和新生代对话交流，临沂实习对她的磨炼更有意义。我认为就在那儿实习，她的体验会带给她更多的思考。我建议这方面你就大力地鼓励她，让她自己往前走，走着走着她自己就会有想法的。

高仁菊校长：

她现在已经工作接近 4 个月了。刚开始我希望她暑假参加咱的新生代暑假班，我和她沟通过一两次，她好像暂时没有表现出特别渴望参加新生代。她说："妈妈，我不想听你和我说得太多，你让我现在自己先工作。"我答应了，所以后边我也没和她聊太多。

李绵军校长：

我认为工作就是最好的学习成长，临沂也有各种培训，意义也很大，你叫她实习就行。

高仁菊校长：

好，谢谢校长。

刘韶平校长：

接下来咱们今天对话的校长每人做一个简单的总结，最后李少乙做一个总结，咱们今天就结束了。苏丽君校长你先来。

苏丽君校长：

我总结三点。第一，通过本次对话，对留学这件事情、孩子们出去上学这件事情的意义，我有了不一样的解读，能够用另外一个视角、用孩子的视角来了解出去留学这件事情。第二，收获了对于天性教育的坚定，我们做天性教育，作为教育的校长们，这是一份坚定。第三，真的不能觉得孩子是孩子，其实每个孩子都是非常了不起的。我们不管是老师还是家长，都应该从内心尊重孩子，和孩子平等相处。这是今天我总结的三点。

刘培校长：

我来做一个简短的总结。我想今天的对话对于孩子们来讲，无论是留学还是升学，其实都是一种经历。想让我们的孩子快乐阳光地成长，作为爸爸妈妈的我们要更多地去内观，也要多和自己的孩子真诚坦诚地对话。简单的一句话，要想我们的孩子成长，做父母的自己要先成长。

明小双校长：

今天晚上的对话，我一直听得特别认真。我一直特别好奇，少乙在我心里是特别优秀的，通过前几期的对话，我也特别好奇优秀的孩子是怎样变优秀的，优秀的孩子面对问题的时候是怎样思考和解决的。通过今天晚上的对话，我最深的一个感受可能和大家有点不一样。我觉得李校长和柏老师，还有少元和少乙一家人，这种家庭的氛围特别棒。就是大家相互感恩，也相互地成就。少乙会因为父亲不断地在努力、在学习、在提升，能够影响到自己，特别优秀，特别成功，他说的都是好的，都是对的，愿意听他给的建议。在孩子的心里，父母的优秀和父母的成长特别重要，就像李校长在少乙的心里一样，就是家庭里高飞的鹰，能够引领孩子们，能够让孩子们飞得更高、看得更远、懂得更多。所以父母不断成长特别重要，家庭里的这种相互感恩、相互成就我是特别喜欢的。最后很期待我们自己的孩子也能够像少乙一样好好地成长，向少乙学习。

李肖校长：

我来总结两点。第一，孩子的适应能力是很强的，我们作为父母一定要多给孩子适应社会不同环境的机会。很多时候不是孩子的能力有问题，而是父母的思想局限了孩子本来应该有的能力，孩子们的创造能力和适应能力都是非常强的。第二，父母的格局会影响孩子的格局，要升发孩子的善心和感恩之心。刚才在少乙回答我的问题过程中，他对父母的那种感恩之心真的是让我触动很大，升发孩子的善心和感恩之心的前提就是无所畏惧，然后带着孩子飞得更高、走得更远，带给孩子更多的爱，这是我收获的。因为我们有的时候工作比较忙，经常出差，总觉得自己有些亏欠孩子，孩子不能得到很多的陪伴，而感觉愧疚孩子，这种愧疚无形中也会给孩子增加压力。那么接下来也是自己要调整的，爱要完全无所畏惧，父母要无所畏惧地爱孩子，带着他们飞得更高。只要大家都好了，他一定不会埋怨父母没有陪在身边，不会责备父母。

高仁菊校长：

我的总结就是，我好像不再特别着急让孩子做决定，以前我是自己着急，现在是着急让孩子做决定。经过这次谈话之后，通过李校长和少乙的建议，我在孩子的问题上也不再着急了，让她自己经过时间的沉淀再做决定。谢谢，我就说这些。

李少乙：

我来总结一下。第一，今天晚上的对话对我最大的感触是让我重新回顾了我的留学生活、我之前面临的困难，还有我的收获。第二点，重新回顾了父母在这段时间给予我的帮助，李校长给予我们新生代很大的鼓励和帮助。比如柏老师给予我们家庭很大的奉献，付出精神很值得我去学习。最后一点，重新听了每位校长问的问题，我都是重新思考了自己内心当时到底想的是什么。之前我没有刻意想过。那段时光是很值得我珍惜的。这是我今天的总结，也再次感谢今天所有到场的嘉宾，还有很多神墨校长，还有我的爸爸和妈妈。

刘韶平校长：

下周三咱们新生代的对话主题是探秘孩子对兴趣和人生目标的探索及思考。我们每周都有一对一和新生代8位成员的对话，大家看到征集信息的时候可以积极参与。今天晚上的对话到此结束，感谢校长，感谢少乙，感谢大家。

孩子都是聪明的，家长应该和孩子建立起互相信任的沟通方式，让孩子理解爱、感谢爱、珍惜爱。在孩子的教育过程中，为孩子培养正确的兴趣、树立正确的人生目标，实时鼓励孩子，适当地批评鞭策孩子，让孩子自己选择自己的兴趣、爱好、目标，让他们健康快乐地成长。

李绵军校长：

各位校长大家好，今天进行第六期的《对话少年》，还是和李少乙一起进行对话。《对话少年》这个栏目已经开展了五次，大家也比较了解了，本次由李少乙同学给大家聊聊关于少年内在的世界。今天的主题，就是上次咱们说的主题，关于家长安排孩子兴趣班，还有孩子天性等这样的话题。大家主要还是分享这个话题，当然有其他的关于孩子方面的亲子教育的困惑，也可以探讨。下面就由李少乙开始。少乙，你简单说说。

李少乙：

我们今天是第六期对话，主要是探讨关于兴趣方面的问题。我之前也对过很多话了，这次是第六次。我们之前木兰会成员也和我们其他新生代成员都对过话了，所以我们对这个流程也不陌生，我们就抓紧时间准备开始。

林丽华校长：

今天晚上我们的对话提问顺序是刘萱荞校长、陈月英校长、尚益岺校长、王瑞芳校长、欧阳添馨校长。今天晚上第一个提问和分享的校长是刘萱荞校长。

刘萱荞校长：

少乙你好，各位校长晚上好。今天晚上非常高兴能够和少乙对话，听说少乙有很出色的表现，少乙同学的思维敏捷，语言表达准确流畅，思想非常有深度，让我感到非常佩服。他只是 16 岁的小孩，都这么卓越。少乙的经历，在心理学上，往往会内归因。比如有很多名人传记，就会说这个人这么厉害，是因为他出生的时候好或者怎么样。为什么要内归因呢？想来是希望增加自己的这种价值感。我想问少乙，你是怎么看待你今天的这些优势的？你这种优势是怎么一步一步凸显出来的？这是我今天的第一个问题，请少乙回答。

李少乙：

首先关于我是如何察觉到我这些优势的？我是从小就有过这方面的探查，从小父母就一直在说我很喜欢社交、和朋友打交道或者喜欢带领大家一起做事情，这些都是从小家长帮我探究出来，并告知我的。我自己也能察觉到自己有这些独特的性格，我在这方面的领域也发展自己的特长。比如我参加新生代的活动，就可以很好地锻炼我的这些能力，领导能力、社交能力、带领大家的能力，这些锻炼让我逐步成长起来。关于我是怎么运用这些能力，还是要看个人，你要怎么运用和使用这些能力。比如有些人可能适合做后勤人员，却做了管理者，我认为这不适合他们，要找清楚自己到底适合哪方面。这也是我是怎样看待我自己的，是这个意思吗？

刘萱荞校长：

可以，我再说一下。因为昨天和虎博进行了对话。我之前对虎博做了功课，得到的提醒就是我不要给虎博说太高深的东西，我觉得他应该是一个不太爱说话或者不太爱表达的孩子。我昨天和他对话，对话完以后我是特别震惊的，我面前呈现出来的他让我很惊讶，后来虎博就告诉我，他的改变也是缘于这一年多参加新生代这样的活动，慢慢地锻炼出来的。你本来从小就拥有这方面的优势和才能，然后被校长发掘了，并一直给你一些机会，让你不断地历练、锻炼，最后自己这种优势会慢慢地加固，成就了今天的你。

我听完以后，我就更加发现，我们在培养孩子这方面也是要有技巧的。听了你的反馈，包括我和虎博的对话，我自己的感受就是我们也要不断地发现孩子的优势，要慢慢地让孩子进行一些锻炼，把优势进行强化。

我的第二个问题，关于兴趣爱好这方面，因为像你、虎博，你们都是有兴趣爱好的人，在我们来看，有这种兴趣爱好的人是非常幸福的。通过这段时间插花也好，自己培养一些自己的爱好也好，这种爱好真的是可以给自己充电，也可以滋养自己的内心。我也深深体会到李校长给我们讲了让我们培养兴趣爱好的重要性，可能以前觉得没有兴趣爱好也还行，现在觉得真的是非常重要，而且能够有很深的一个体会和感受。我们其实是在寻找兴趣、培养兴趣，在这个过程中是比较艰难的，现在的你们是非常幸福的。你们这一代一开始就能够发现自己的兴趣，比如喜欢打篮球，好多孩子的兴趣都是打篮球。包括和育莹对话，她也能够找到自己的兴趣点，我很为孩子们高兴。在这个过程中，我发现我们培养自己孩子的时候，做家长的也开始重视并发现孩子的兴趣点。在对话之前我们是没有这种意识的，当然也是非常感谢新生代的对话给我们带来了很多的启发。我想问你的是，你那么热爱篮球，包括虎博，你们都对湖人队那么痴迷，这个爱好给你们带来了哪些东西？它让你们开心的地方在哪里？这是我的问题。

李少乙：

篮球最初并不是我的选择，纯属机缘巧合，我哥打篮球，碰巧让我尝试打篮球，那时我大概在读三四年级，打完了之后我就感觉这个运动挺让人快乐的。和同学一起打的时候，我们一般都是五六个人或者七八个人一起玩，这项运动能带领大家一起取得胜利。这种快感，我是很喜欢的。后来是怎么喜欢上篮球的？主要是因为看 NBA 或看职业篮球，这些球星像詹姆斯、科比、乔丹，了解他们的一些历史，了解他们一些球员经历，我就慢慢爱上了篮球这项运动。在学校里，我也积极参加那边的活动，像球队也好，那边俱乐部打比赛也好，我都积极参加，因为它能够带给我这种体育精神。不管你是打篮球、踢足球，甚至打乒乓球，还有我们打游戏、打电子竞技，都能带给我们这种体育精神——永不放弃，坚持到最后一刻，这就是体育精神带给我们的力量。我们哪天心情不好的时候，就抱着篮球和几个好朋友打一打，消磨消磨时间，大家一起快乐，最后大家都很开心地散场了。篮球能带给我的是友谊，是体育精神。

刘萱荞校长：

刚刚少乙讲的，我都听得很清楚，少乙讲得非常好。今天刚对话的时候，我们家大儿子也在旁边，他进入四年级也是特别痴迷篮球，今天少乙哥哥讲的，他也是非常有认同感的，在旁边使劲地点头。第三个问题，在往期的对话中，我对少乙求学的经历略有了解，小学毕业就被安排到美国读初中，经历了很多曲折的事情，也有校园的欺凌事件。我自己听完的感受，可能校园欺凌事件会把你的小宇宙，或者爱国情，或者一种民族情给激发出来，后来就有了不一样的你，并向好的方面慢慢地发展。你自己在美国求学的过程中，你的人生目标是什么样的呢？

李少乙：

那个时候关于校园欺凌这件事情，并不完全是那个因素。还有我在美国上学的时候，因为能感受到，美国的学生对中国学生、对华人就是有这种不好的看法，并不是说因为那一件事情让我产生这种发愤图强的感觉。长期以来，华人在美国都饱受着这种不被看好、被同学欺凌，当时这种现象是无处不在的。因为那所学校也算不上顶级好学校，就只能算一所普通的公立学校，那个时候大家的素质都不是很高，家庭条件也都不是很好。那个时候，我对人生、对未来没什么想法，当时只有一个念头，就是好好学习，适应这个环境。我并不知道什么人生大道理，刚去还不到12岁，是11岁多。我只知道在那边没有朋友，没有时间和朋友玩耍，就很不开心。发生那件事情之后，我就下定决心，一定要适应那边的文化。作为一个中国人，不能给我们中国丢脸。因为中国学生少，他们接触得也少。他们之所以对中国人有这种看法，完全是凭借外界听到的一些东西，所以我就想，让他们看看我们中国人并不是你们眼中看到的那样，我们也可以适应好你们的学校、学好你们的语言。当时带着那样的想法，我并没有想到我的人生目标，以后要做什么，未来要做什么。

刘萱荞校长：

也就是说其实在经历中，很多的不公平，包括他们戴着有色眼镜看中国人或者亚洲人，你心里面是要为自己争口气，有一种要为咱们中国人争光的这种感受。虽然你当时很小，但是这种感受是很强烈的。你自己鼓足了劲，不断地努力成长。你这样讲完，我的感受和你的感受是一样的。我接下来的这个问题就是，后来你回国了，偶然的一个机会让新生代成立了，你马上在咱们中国也要继续你的学业。那么接下来你对自己的规划和自己的期待是什么？你有没有兴趣成为"神墨一哥"，未来引领"神二代"开疆拓土，成就伟业，有没有这样的打算？你对自己的规划和期待是什么？

李少乙：

首先最主要的，我目前还是个学生，我并没有毕业，所以主要目标还是学习。我会努力把我在高中两年时间的课程学好，做好准备读大学。我从小就比较喜欢学商业管理，所以我大概率大学会选择商业管理这方面。这是我近几年来的小目标。我是否要成为"神墨一哥"？这并不是我未来要做的事情。但是神墨新生代这个活动，这个项目是我喜欢做的，我会一直持续下去。并不是因为我是李校长的儿子，等校长退休了，我就接手当神墨的总校长——这并不是我很喜欢做的事情。我比较喜欢的是从头到尾、从刚开始做到辉煌始终做一件事情，我其实很喜欢体验这种过程。比如我去美国的时候，在最低谷时到那儿一个人都不认识，也不会说英文，到最后我能完全适应那边学校、那边的文化、那边的语言，和同学和老师都能达到很好的沟通，这段过程是必不可少的。如果再让我选一次，还要不要选择这条路？我肯定是百分之百会选择这条路。只有经历过磨炼的人，才能锻炼出自己的真本事、真能力。作为新生代，可能目前为止是首批成员，我会一直坚持下去，做这件事情。至于是否要接手神墨？这并不是我未来想做的事情。毕竟我也想要开辟出属于我的新天地、一个新世界。

刘萱荞校长：

我的四个问题已经问完了。通过和你的对话，我非常开心，也非常有收获。不但我有收获，我们家的"神二代"也非常开心。主持人、少乙，我的问题问完了。可以邀请下一位校长提问了。

陈月英校长：

尊敬的李校长好！少乙以及全国的家人们，大家好！非常开心有这样的机会和少乙对话。前面我听过两期，对少乙也有些了解。通过刘校长这次刚刚的提问，我准备的几个问题有些得到解答了。今天我想问的问题是，作为父母，我们应该用怎样的视角看待孩子学兴趣课？现在的兴趣课是非常多的，有很多孩子是为了新鲜感。孩子开始是很喜欢的，学了一段时间，就没有了持续学习的力量。怎样引导孩子持续学课程的力量感？

李少乙：

孩子选择他们喜欢的兴趣班，可能上几节课就不喜欢上了。大概有几个因素。第一个因素，可能他们并不是完全喜欢，那个兴趣并不是他们内心非常想做的事情。可能有外界的因素在里面，同学在上，他也想去上；或者一时激起他的兴奋，他也想学学、试试、玩玩，并不是说这是他一直想持久做的一件事情。第二个因素，可能来源于家长，家长会逼迫他们选择兴趣爱好，告诉他们哪些课程好。比如钢琴，选钢琴以后可以考级，可以当个钢琴家。他们一开始可能被父母这种行为、这种语言所迷惑，认为钢琴确实挺好，实则自己学了之后，感觉自己没有任何天赋，根本就不想学，而且弹钢琴并不是自己未来想做的事情，所以他们选择了放弃。至于这方面，小孩做得没有什么问题，他们想做的事情都是他们自己选择的，并不是因为父母或外界因素而选择，我认为父母要做的就是引导孩子，启发出他们内心最喜欢做的事情。比如有些孩子天生就是打篮球的，你们就可以完全把他们交给篮球教练，让他们培训，他们自己也会觉得非常快乐，会一直坚持下去。如果你让这些打篮球的孩子学钢琴，他们肯定不喜欢，就算让他们持续了很久，就算他们学了很多课程，到最后这些课程都是通过这种痛苦练出来的，并不是真正的快乐，他们并没有找到心中最喜欢的，大概是这样的一个原因。

陈月英校长：

谢谢少乙的回答，确实虽然我们是做教育的，也有很多家长有这样的困惑，有时候因为社会这样的压力，以及我们家长觉得对孩子好，但如果孩子真的是不喜欢，最终还是会放弃。第二个问题是，刚刚少乙也在说，自己的人生目标和方向是比较清晰的。孩子一般在什么时候自己会有一个定向？一般多大会有这样一个思想？

李少乙：

李校长讲过，21 岁是所有人人生中的一个转折点，21 岁他要开始考虑未来人生想做什么，以及他未来喜欢做什么，该学习哪方面，侧重哪方面，就是李校长之前所讲给我们的。虎博就是 21 岁开始学习的新生代，慢慢找到自己想发展的兴趣、发展的爱好，他现在也有了很明确的目标，一直在向那个方向发展。但是也有一些同学或者小孩很早就已经知道了自己未来想做的事情。比如他们小时候接触了篮球，他们觉得篮球能带给他们力量，能带给他们这种快乐、这种心动的感觉。他们可能就找到了自己的人生目标，就是选择打篮球，最后成为篮球运动员。没有实质性的定义。开始李校长给出的答案就是，基本上所有 21 岁的青少年都会在这个时间段找到自己未来该发展的方向。21 岁是转折点，我觉得大概就是这样一个情况。

陈月英校长：

刚刚听了少乙耐心的回答，收获挺大的。我家是两个宝贝，大的孩子在读一年级，小的孩子现在三个多月。因为你们有三个兄弟姐妹，所以想问一下，我们生了二胎之后，大的孩子会有一种感觉，就是会被忽略。在三个孩子相处的过程中，你们之间的相处有没有发生类似这样的问题？或者孩子之间的这种矛盾处理的方式是什么样子的？这和今天的主题不一样，我只是想问一下。

李少乙：

对于这个问题，可能每个家庭不一样。我们家是妹妹和我、我哥相差的岁数比较大，她出生的时候，我那时候已经7岁了，我哥已经9岁多了。当初妹妹出生，我们两个和我妹妹年龄相对来说差得比较大。所以说我们家并没有出现这种情况，当时我们也长大了，也没有有这方面的看法了。如果针对那些年龄差距比较小的，就差了两三岁，老大到老三差了不到5岁，他们可能内心会有那种想法，觉得本来已经有一个弟弟或者妹妹了，结果又来了一个弟弟或者妹妹，爸爸妈妈的爱会由此分割很多给他们。我认为现在父母可以给孩子做引导，我们之所以有了弟弟和妹妹，他肯定是能给你带来很多好处的。可以告诉他，在你失落的时候有人陪伴你，在没人和你一起玩的时候，有人陪你一起玩，还有人和你一起吃饭。你也可以给他举例子，像独生子女家庭，孩子都是很孤独的，让孩子多看到有弟弟妹妹的好处，不要老是强调爸爸妈妈真的没有偏爱给谁。这些说给他们听，他们肯定是听不进去的。父母就多让他们看到有弟弟妹妹的好处，以及当哥哥或者当姐姐的好处，他们看到了这些，知道了这些，认可了这些，他们就会慢慢地打消自己心中的这些念头，我觉得是这样。

陈月英校长：

刚刚少乙说得非常正确，小孩心里的很多想法，还是需要我们家长多一些引导、多一些交流，知道他内心的想法，以及往好的方面引导。这样孩子在思想上会慢慢地转变。谢谢少乙的耐心回答。

李绵军校长：

林丽华校长，对于前面两位校长的问题，我再做一个补充。

林丽华校长：

好的，感谢李校长。

李绵军校长：

刚才少乙回答得非常好。少乙提到我给他们讲过孩子们在21岁左右会开窍，这个是 Lilly 教授讲给我的理论。西方有科学家研究，大约人平均在 21 岁的时候，大脑的前额会开窍，这是由大脑的特点所决定的。也就是一个人在 21 岁的时候，他冥冥之中或者他感觉到自己要往哪个方向走，或者喜欢什么或者不喜欢什么。当然有的人敏感，有人不敏感，我回忆起自己就是从 21 岁开始当老师的，我也问过很多人，21 岁往往奠定了他一生的方向，可能很多冥冥之中，就是大脑会往这个方向引导。当然对于每个孩子找到他的天性或者他的方向，这需要父母的观察。如何观察、如何分析，这是个非常精细的问题，需要专门的探讨。在少元、少乙小的时候，我就观察他们的方向、他们的个性、他们喜欢什么，包括他们表达的过程中会经常说什么话，就能分析出来感兴趣的话题，或者他的个性，包括新生代。我在和他们对话的过程中，都会分析他们问的问题，他们说的话里带出来的东西，通过这些话，实际上父母就能找到孩子的兴趣和天性。当然这个是需要经验和训练的。咱们当老师的、当校长的，可以注意自己的孩子平时喜欢什么，喜欢表达什么，话里都表达什么，然后观察，同时也可以观察我们校长、老师。这样有了经验之后，父母就能观察孩子的性格方向或者说他喜欢的方向，这是第一点。第二点，前面第一位校长提到了李少乙的这种思辨性、表达能力、认知能力等是从哪里来的。因为他才 16 岁，如果问他这个问题，他可能比较难以非常综合地回答，我就给他做些补充。在少乙小的时候，我们就带着他去了很多地方，国内也好，国外也好，看了很多的地方，可能很多他都已经忘记了，但实际上这些都会留到他的潜意识里，或者留在他的灵魂系统了。比如我们天天吃饭，我们吃的那些饭可能都不存在体内，但是它已经成了我们身体的一部分了。就像我们小时候听的一些话，或者学的一些东西，像我们这个年龄，物理、化学可能都已经忘记了。如果从小都没有学那些东西，现在我们就是一个文盲，就是李少乙小时候所看到的、听到的这些东西，可能他已经忘记了，但是构成了他生命的一部分了，沉淀出来了。所以我特别主张咱们的校长要看世界，也带着孩子看世界。

全国各地旅游，因为走万里路也是非常重要的学习方式。在少乙、少元小时候，我也经常带着他们会见世界各地的人，包括一些大师等。在北京我们也有这样的条件，所以有时候一起吃饭、闲聊的过程中，他们听到的一些智慧、一些道理都会进到他心里，时间久了，他们就会形成自己的思维模式。父母也好，周围的环境也好，潜移默化地对他们形成影响。也就是说我们在教育孩子的时候，父母除了陪伴，除了给他吃的之外，还要非常用心培养自己的孩子，除了能让他学习好学校的课程之外，还要给他营造一些环境，包括看世界也好，交朋友也好，平常的交流也好，都是非常有意义的。最近少乙有一个飞速的变化，与过去一年参加新生代有关。去年新生代是五名同学，今年就到了八九名同学。前几天，其他新生代成员给少乙评价，都谈到了一点，少乙在过去一年来有着飞速的成长，因为少乙在这里面年龄最小，但恰恰他是这里边的组织管理者，是带领大家的。少乙的个性也很鲜明，大家也非常佩服他，也就是说这些与少乙后天的训练也是很有关系的。当然少乙的个性里，他对人的观察、分析是他的天性。在很小的时候，他就能够分析人的个性，有时候和他交流，聪明的人、愚笨的人还有普通人，都是什么类型，和他们打交道都有什么特点，少乙就给我讲了。我问他，你从哪里学的这些东西？他说他自己琢磨的。他在很小的时候就想这些问题。后来我就发现他在做决策上，还有对人的判断上，确实是有天赋的。包括在我 40 岁生日的时候，少乙说要送给我一件礼物，和我说可能物质的礼物我并不喜欢，他要做一个手工的礼物给我。他就画了一个模型的图打出来送给了我。实际上他就分析我成功的原因，分了很多的层，底层、中层、上层，还有画了一个图来展示。我看到他这个图的时候，我很吃惊，这样一个孩子对我的分析是很准确的，那时候他才 13 岁，就做了这么一个图。这些也让我开始琢磨他的个性，后来慢慢也有意识地培养他，他就走到了今天。所以这也带给大家启发，第一是观察自己孩子的特点，第二是要多多地用心，用心教育自己的孩子。就是要用心养育自己的孩子，怎么用心？大家慢慢地体会和琢磨。咱办学很用心，咱在自己的孩子身上也要用心。实际上用心了，你就会有方法，我就补充这一点。林校长，你再继续。

林丽华校长：

感谢校长的补充，我们对少乙有今天的能力和个性，就像校长说的，这跟父母的用心挖掘和用心养育有特别大的关系，感谢校长的补充。下一个提问和分享的是尚益岑校长。

尚益岑校长：

通过刚才前两位校长的对话，让我有一种很强烈的感受。少乙是一个非常勇敢的孩子，萱荞校长这边提问也满足了我之前的一个好奇心，少乙特别勇敢，有这种开创的精神，这个是我要思考的。今天我有几个问题。第一，我想问一下少乙，孩子如何看待所谓的兴趣？比如我们从小到大可能会有很多很多的兴趣，究竟哪一个能够比较长久地发展下去？这方面我们要如何看待？

李少乙：

我以我自己举例子，我小时候感兴趣的有很多事情，和同学一起打篮球，也和同学踢足球，而且都尝试过，也有一起打牌，我当时也玩魔方、拼魔方，也玩过乐高，当时拼了很多乐高。我小时候，包括现在，我的兴趣还是很多很多的。我做过很多这种事情，但是有些兴趣并不能帮助到你未来的职业。我喜欢拼乐高，或者玩魔方，这些可能对我之后的发展没有帮助，比如我想发展商业，在这方面可能它并不能帮助我很多，所以有这些兴趣也是很好的。但是也要看自己到底是不是该做这方面、有没有这方面的天赋、值不值得自己在这方面努力，这是值得考虑的。我们这些孩子喜欢五花八门、花里胡哨的东西，家长要积极地看待、支持他们的这些兴趣。父母也要问他们这些兴趣是不是他真正喜欢的，告诉孩子未来你真正能够在这个领域取得成长的，才能称得上兴趣，其他的最多也就算是小爱好。但我并没有说拼乐高、拼魔方是没用的，是消磨时间的，它也锻炼了我的动手能力、我的耐心，也是很值得我学习的。

尚益岑校长：

我觉得确实也是，因为我家孩子今年也是 6 岁半，从小到大我们也给他尝试培养这方面的兴趣。现在综合来看，他可能更喜欢静一点儿的，所以有时我也在想，在孩子心里面他是怎样看待兴趣，作为家长，我们应该怎样引导或者是更好地培养他。我的第二个问题，还是从孩子的角度出发，家长怎样才能帮助孩子更好地保持好当前的兴趣度？

李少乙：

作为家长，这些顾虑我认为是完全没必要的。如果孩子真正喜欢他所选择的兴趣，他肯定有动力。比如我很喜欢打篮球，家长每天会催促我找朋友打篮球，找篮球班去上吗？并没有，我依然会选择每天打一打篮球锻炼身体，找朋友一起打。篮球这种兴趣，它自身就能带给你一种力量。家长能做的是鼓励和支持孩子，不要和孩子说你的兴趣根本就不好，这些以后根本就没有用，这会打击孩子的自信心，家长要做的就是鼓励和支持。如果你的孩子喜欢打篮球，他想报培训班，家长就应该积极地给他报班。孩子如果没有一双好的篮球鞋，家长就应该给他买双好的篮球鞋，让他在篮球这方面更加快速地成长，这也是很重要的。不要以为孩子在无理要求这些物质上的东西，就否认他们，这是不对的。父母一定要看到，像这些东西或者是这些兴趣，确实真的是他们想做的。

尚益岑校长：

作为孩子的家长，我为什么会问到这样的问题？首先，我孩子要上小学，随着他年龄的增长，我想要帮助孩子，给他找到自己更喜欢或者可以长久保持的兴趣，就像刚才说到的真正喜欢，并且在这方面能够得到成长，所以可能也是考虑得比较多。我平时和学生的家长聊起来，也都说孩子兴趣爱好就是一时一变。当然，这个问题在刚才陈校长的提问、对话中也找到了答案。还有最后的一个问题，刚才我们说孩子在 21 岁的时候，大概能够清晰地知道接下来该怎么样，该往哪个方向走。在孩子成长的过程中，孩子需要的是家长怎样的一种方式给他引导，使他能够更好地找到或者找出比较大点的人生目标？

李少乙：

像这种大目标，也不是说一定到了 21 岁，孩子就一定顿悟，这是不正确的。要从他的生活的点点滴滴，慢慢地让他察觉到自己有哪方面的天赋，他需要在哪方面努力，或者说哪方面是他值得花时间做的，这都是你每时每刻。从生活的点点滴滴都得让他察觉到的。每天和孩子聊聊天，问问他喜欢做的 10 件事情，他想请哪 10 个人吃饭，或给他一天时间安排，看看他会怎样选择。通过这种不断地、一点点地问他，这样发掘出他内心真正的想法，这些是很重要的。这并不是说一定要让他在某一刻或者某一个时间点顿悟，这是不太现实的。家长可以每天和孩子进行这种有营养的沟通，少一点儿批评和谩骂，多一点儿带能量的讲话和对话。这以后都能触到孩子的内心世界，让他们以后更加相信父母，和父母表达自己内心想说的东西，从而他们也会慢慢找到自己人生的大目标。而且像我们这些新的新生代成员，通过每天不断地进行这种对话，来表达自己的内心，也慢慢地找到了感兴趣的事情，或者他们人生未来想做的一些事情。这些新的新生代成员都慢慢地有这种感受了，这些是非常值得我们参考的。

尚益岑校长：

非常感谢少乙的解答，我学到的非常多。对于咱们来说，在神墨都非常幸福，如果不在神墨，可能这些相应的理论，或者我们思想层面的东西，我们都不知道，更不要说平时有这个觉知。正是因为有了这些思想层面上的认知，在培养孩子的过程中，包括在自己做学校的过程中，我们会特别多地关注孩子的心理，会比较关注这方面的知识。非常感谢少乙。林校长，我这边的提问结束，谢谢。

李绵军校长：

林校长，我再补充一下。

林丽华校长：

好的，李校长。

李绵军校长：

你们的对话特别好。刚才我提到了咱们的校长要用心地培育自己的孩子。对于少元、少乙，我有两个体会。作为家长来讲，肯定对孩子都有很高的期望和期待，而且也会特别关注，也会担忧，我和大家也都是一样的。在过去的时候，我也会有担忧、焦虑等。我发现有些东西的经验是可以分享给大家的。

第一，就是对孩子平时不要管太多，管太多了或者你要求太多了，他容易没有自我。实际上你不管他的时候，他的生命力是很旺盛的，每个人都有他的旺盛生命力，所以父母不要管太多，更不能要求、呵斥太多，应该鼓励，他的天性一定会绽放的，只要家长多鼓励、多赏识，他的内在就会显现出来。从这些新生代来看，实际上家长管得越少，孩子越容易绽放，不能管太多、不能要求太多。当然你也不能到了另外一个极端，不管不顾了，肯定也不可以，少管自己的孩子，管住我们自己、提升我们自己，就是对孩子最好的教育了。少管，要赏识、鼓励，多托举。

第二点，建议大家提升自己、观察孩子、发现孩子天性的能力。有的校长就会问怎么观察。我在这里郑重地给大家讲一个方法，大家一定都要学，这个方法你必须下工夫，我给你个口诀，你就照着这个口诀做。大家关注新生代的公众号，你每天都要听。如果你每天听可能需要听几个月，新生代从去年到现在应该发布了有几十个，甚至接近七八十个对话的内容了。对话的内容，如果你都能够听完，认真地琢磨，你自己就会形成你的方法。你会发现如何找孩子的天性，这个方法是你自己自然形成的，即使我现在把我的心得告诉你，但你用起来不灵，你必须学。我把资料都进行了保存，传到了公众号上，就是为了保存这些资料，包括很多我和孩子之间互动的秘密，甚至我家里的一些隐私，我都把它传到上面去了，呈现出很真实的这样的一个对话。大家可以听听，听了之后你可能就会有方法了，你就可能比较容易找到孩子的天性，对大家来讲就是考验你愿不愿意拿出这样的时间用心地学习。我们如此爱自己的孩子，大家应该花点时间学习这个方法。我实际上特别想培养一部分神墨校长，懂得如何带新生代。今年新生代大约有11位，他们有两位因为还在大学里面，暂时还来不了。可能有10位来全程参与，明年可能会扩展到20到30位。因为新生代不能太多，到目前整个新生代也是在摸索，为了新生代成长的品质，我们要摸索它的模式，这个模式一旦出来，可能过几年就可以推向社会，也可以做成教育体系，这样对社会又会带来非常大的贡献。但是前期，我们得保证它的品质，我亲自和这些新生代的对话，大家可以学习，学了之后你就可以成为新生代的老师，将来我们可以做成一个新生代的教育连锁品牌，这是有可能的。而且一旦做成，它不一定亚于现在的神墨，有可能它的社会影响力更大，因为社会需求太大，所以每位校长可以做一个有心人，你可以学学这些对话的一些技巧，听听这些课程就会懂了。我就补充这一点，给大家推荐这个方法。

林丽华校长：

感谢李校长的补充，确实给了我们特别多的方法。下一个提问的是王瑞芳校长。

王瑞芳校长：

李校长好，少乙好，全国的校长们大家好。很高兴加入木兰会，主持人通知我参加今天的对话时，我觉得是幸运的。我心中也很期待和李校长、少乙对话。刚才听到前面三位校长和少乙的对话，提问和分析解答问题，我觉得少乙回答问题特别有耐心、特别全面，并且很有条理性和深度。少乙 16 岁，正值青春少年，能有此番悟性及看待人生和未来的能力，肯定是和李校长平时的教育分不开的。在李校长的影响和鼓励下，少乙在同龄人中绝对是出类拔萃、与众不同的。我今天在这里想要少乙帮我解答的第一个问题是，如何发现孩子的闪光点，并且能正确引领他，并持之以恒、坚持不懈努力地做好？

李少乙：

关于这个问题，如何发现孩子真正喜欢的兴趣？刚才像李校长说从生活点点滴滴中寻找。孩子小时候的性格是怎样的？他身边人是怎样的？他喜欢和怎样的人打交道？他平常的习惯是怎样的？父母都可以一点点地观察，询问他们自己喜欢做的事情。我觉得很多家长在这方面是有所欠缺的，他们不会倾听、提问，他们做得更多的都是一味地帮助孩子选择，甚至强制孩子选择。所以作为家长，如果你真正想开发孩子内心、他真正的兴趣，就要倾听孩子的一些想法，让他告诉你们他要做什么，我觉得这是很重要的。毕竟每个孩子、每一个人都是一个独立的个体，世界上没有完全一样的人，每个人都有自己的闪光点，我们要引导他们，让他们把这个发光点展开、探索，这些是很重要的，也是很多家长所欠缺的。关于如何帮助他们坚持，如果他们真正喜欢某个兴趣，他们自己也会有动力的，这个活动会让他们产生很大的力量，他们不由自主地会一直坚持下去。还有一个，就让家长多鼓励、多支持孩子，这会给他们很大的动力。家庭的这些鼓励和支持、这些能量是源源不断的，会流到孩子的内心。孩子能得到家长的这些鼓励和关注强过好多物质上的奖励。所以家长一定要在精神层面或者对孩子要支持和尊重，这些对孩子来讲都是很重要的。

王瑞芳校长：

很感谢少乙的精准的解答，特别感恩、感谢你。我今天还有一个问题，如何让孩子热爱学习，从内心深处主动地学习，并能从中找到乐趣？

李少乙：

关于学习，像现在的孩子，并不是每个人都喜欢学习，不是每个人都是学习这块料，所以我不可能给你很精准的答案，让你的孩子能热爱上学习，而且学习分很多种，他不光学书本上的知识、老师传授给他们的知识，他也可以学习社会的知识、对话性的知识等，这些都是值得学习的。可能有些孩子就是适合学书本上的知识，但是有些孩子不适合，他就适合多实践，从实践中得到他们的知识。家长也要观察孩子，看他们到底是适合哪方面。如果孩子真正喜欢的事情并不是学习，家长可以做出正确的引导；如果这个孩子就不喜欢学习，他喜欢画画，家长也可以做出正确引导。因为孩子有这种兴趣、这种爱好，就有积极向上的学习精神，这是可以利用的。你可以告诉孩子说，画画很重要，你未来也可以当画家。但是书本上这些知识也能给你带来很多的力量，以后你可以用到，也能给你各种好处。如果孩子得到的是尊重或者这种认可，他会得到很大的力量，他也会倾听家长给他的提议。如果家长和孩子说画画不能大于学习，学习就是最重要的，你画画可以，什么时候画都行，但是必须写完作业才能画画。这样孩子在这个时候就得到了不尊重、不平等的待遇。对每个孩子都是这样，不仅对自己的孩子，还有对别的孩子，毕竟我们要开发出孩子内心真正想做的事情，并不是把每一个孩子都培养成学者。

王瑞芳校长：

解答得特别好，很感谢少乙的分析，听完你的介绍，我在这方面有了很深刻的了解，接下来我也要试一试。谢谢了，我没有其他的问题了。

林丽华校长：

这里的对话，李校长有没有需要补充的？

李绵军校长：

我稍微补充一点，少乙说得特别对。实际上现在孩子学习渠道是非常多的，通过网络也可以学习，打游戏也是学习的方式，打篮球也是学习，和朋友聊天也是学习，看世界也是学习。我们在小的时候，有一个很深的种子，就是只有考大学才能够有出路，这种信念让我们唯一的选择就是要考大学，这个信念把我们套牢了。现在的孩子信息量这么大，书店的书那么多，有各种学习的方式，考大学并不是唯一的出路。当然现在在国内的孩子如果选择国内的教育体制，肯定要考大学，但并不是说一定说要上名牌大学。在孩子的成长上，家长的观念要变。在北京，很多孩子不选择正规教育体系，而选择上私塾，我认识一位很厉害的国学大师，他的两个孩子都不上小学，幼儿园都是他自己办的，后来孩子直接上私塾，那所学校里有七八十个孩子都是这样的。当然我们不是说要放弃学校这个体系，老师要知道，孩子可以通过各种方式学习。孩子为什么要学习？他不仅是为了找工作，更重要的是他要适应这个社会，过好他的一生。

学习的理念要变，价值观念要变。如果我们的视野更开阔、价值观念更多元，我们看待学习就会变了。比如孩子打篮球，它就是一种学习，是同伴之间的交流，几个孩子出去逛商场也是一种学习。我们小时候哪有这样的机会，我们只有通过书本学习，所以现在学习是多方面的。像在德国、美国这些国家，大学升学率都是非常高的，不是所有的孩子都上大学，也有很多孩子上技校、大专，包括咱们国内很多孩子都上大专，真正上大学的比例还是很少的。如果父母都逼着孩子走那一条道，是不正确的。所以父母要根据自己孩子的特点，如果自己孩子学习好，他热爱学习，当然好。如果他不是特别喜欢学习等，我们就要看他的天性，找他的天赋。父母要用心地观察自己的孩子，每个孩子都是一颗闪亮的星。

李少元在很小的时候，他就喜欢听收音机、看报纸、去图书馆等。我没有听收音机的习惯，他妈妈也没有听收音机的习惯，但是他有听收音机的习惯，包括读书，他喜欢看的书，他掌握的那些知识，我们都不知道他从哪儿来的。老师没有教他，我们也没有教他，他自己研究哲学、研究历史、研究"三国"、研究二战等，研究影响世界的人物。他在很小的时候，就和我们讲这些，我都不知道他从哪里得到这些知识，后来他说他有时候通过看电视、有时候通过听收音机，通过这、通过那得到信息，也就是他学习的方式有很多种。李少元在国内上小学的时候，学习成绩中等，如果一个班有40名学生，他也就是第20名，如果30个学生他就是第15名，基本上就是这样。在国内的时候，他智商也很高，为什么他学习一般呢？后来等到他上了美国的学校，我就发现了一个问题，实际上他不喜欢国内的这种学习方式，他到了美国学习之后，第一学期就在他学校是年级第一了。今年他也升大学了，升到了全球排名前30位的大学，有好几所学校都录取了他，都是世界名校。通过这个探索，我现在看少元这方面，他自己有他喜欢的东西，还有他的学习方式。

少乙这方面强大不在于学校的学习，强的就是社交、朋友、实践。如果你让他大量读书，这也不是他的强项，但是少乙在小时候，我们就观察他，比方买东西的时候，他四五岁买扑克牌，在说话和表达这方面，我们就发现了他非常灵活。在商场、旅游的时候，我们都能观察到他有很强的社交能力。在小学的时候，他演了他们班的节目，分组的时候他组织了一帮小朋友演了一个曹操，他是主角，他也是总策划，他的台词也特别多。他妈妈回来和我讲，李少乙还有表演天赋。后来我就通过这件事琢磨李少乙可能在哪些方面有天赋。还有在上英语课的过程当中，英语课有个跳蚤超市，也就是说从家里拿点东西到那里交换，然后再卖给别人。后来下课我接他的时候，英语老师说你这个孩子太厉害了，把所有的东西统统交换，钱都让他赚了。老师非常惊讶，我印象很深，我们发现李少乙确实有商业方面的天赋。他在美国的时候，有一次圣诞节，他参加一个项目的时候要求推销一个东西，要敲门，让人家来买，20美元还是30美元，给现金，他很快推销了15家，拿了一把现金回来了。他回来说了一句话，挣钱不很简单吗？这就说明了他对这方面的东西是有天赋的，后来我也鼓励他。关于商业，在商业里做什么？你可以卖鞋、做衣服、卖电视、搞科技，这些都是商业。我观察到李少乙在做商业方面有个载体，发现在新生代里他问的一些问题、关心的一些问题，是和家庭、孩子的目标等相关的。我请了很多嘉宾和他对话，李少乙的问话基本上都是孩子怎样找到人生的目标、找到兴趣。他关心的是这方面的问题，其他孩子关心别的方面。他参加夏令营的时候，他也问过一些问题，我把信息串联起来之后，发现李少乙和亲子教育、孩子的兴趣、人生目标有关，所以在新生代的时候，我让他统筹管理，他就很高兴做这件事情。在组织《对话少年》的时候，这个想法也不是偶然产生的，是我对李少乙做了分析之后，认为他适合做这个，他喜欢做这个。果然，第一场《对话少年》就成功了，这是第六期。我们在背后看李少乙、观察李少乙，发现他的学习方式是多种多样的。前两天我和李少乙到秋天他要入学的国际学校，他和一个老外对话，我坐在旁边听着。他和老外的对话非常流畅，他要选课，选商业课、数学课、英文课、中文、生态等。我听他们之间的对话，包括在那儿商量，发现他非常有主见，这方面是他的强项。孩子的个性，父母慢慢在大方向就会找到。每一个孩子都是如此，我们一定不能用一个标准，让孩子都在学校里考第一名，一定要得多少分数。如果用这个标准，可能孩子其他的天赋你就发现不了。你不愿意观察，你没有用心观察。所以家长们应该观察自己的孩子，了解自己的孩子，通过生活中的点滴发现。

少乙的妹妹心柳，我们全家都发现，Lilly 教授也帮助观察，心柳在很小的时候喜欢到厨房，到商场的时候喜欢看那些榨果汁的、做面包的、做蛋糕的等。我们家厨房里的东西，她都清清楚楚，她都知道东西放在哪里，这个孩子可能就喜欢美食。你要问她兴趣，她说喜欢当美食家，再到大一点，问她喜欢当什么，喜欢当美食品尝家。她就是喜欢这一类的，将来这个孩子做美食家是完全可以的，可能她的天性就在这里面了。这是他妹妹的发展方向，而且提到美食，提到这个话题，心柳就很感兴趣，而且很小的时候就会做蛋糕，她自己学做蛋糕给我们吃。好像去年疫情防控期间，心柳给我们做过四五次蛋糕，一个八九岁的小女孩，你看她就学这个。

我们要观察孩子，找对、找到她喜欢的东西，她的人生方向就对了。如果我们告诉孩子将来什么好找工作、什么能赚钱等，孩子不一定喜欢。如果父母那样逼着他走那个路，他也可以走，但是他不开心，所以一定要发现孩子感兴趣的东西。新生代实际上就致力于让孩子要有志向、找目标、有大爱、有学习力。父母把他生命能量给开发出来之后，孩子无论做什么职业，都是成功的。这是我的一点儿心得，给大家做一点儿补充。

林丽华校长：

感谢校长刚刚给我们做的这个补充，让我们更清晰如何挖掘或者发现孩子的闪光点，下一个提问或者分享的是欧阳添馨校长。

欧阳添馨校长：

我特别感谢，又兴奋又很激动，成为最后一个分享者。李校长好，全国的校长们好，少乙好。刚刚听到少乙，还有各位校长以及李校长的补充，自己也收获特别多，最大的收获就是用心培养和用心养育自己的孩子，要做一个有心人，包括刚刚听到李校长总结的时候，好像自己要提的问题已经被解答了。刘校长让我提问题，我突然有一个这样的疑问，因为刚好听到少乙在美国求学时候的一个校园霸凌事件。中国也存在这样的校园霸凌事件，少乙在这个过程中的转化做得非常好。我想问的是，少乙在这期间，李校长或者柏老师在你出现这样问题的时候对你做了哪些引领或者引导？我想了解一下，这有助于我们在教育自己孩子的时候，能够更好地指引和指导。

李少乙：

对于这件事情，其实父母对我的引领并没有很多，反而他们是做了一个反向的引领。当时妈妈让我转学，转到华人的学校，到那之后有特殊照顾，就是有人时刻在旁边看着我的那种，但是我的内心是抗拒的，不喜欢临阵做一个缩头乌龟，一点小事就做一个缩头乌龟，去另外一所学校避难了，我认为这是不对的。可能真那样做了，我会感觉到很愧疚、后悔，所以当时我的立场是非常坚定的，没有服从我妈妈给我的建议。我现在回想起来，我依然认为我做的是非常正确的，没有任何问题。我不为我这个行为感到后悔，正因为我当时选择了接受这个挑战，我才有了今天的成长。所以作为父母，当孩子在学校出现这种问题的时候，不要一律地用这种急躁、暴躁的方式解决问题，而是让孩子自己解决，让他们锻炼自己这种内心独立面对事情的能力，这样既锻炼他们自己的内心，也锻炼了家长的内心，让家长感觉到自己的孩子是有这方面能力处理好这种事情的。这也是目前家长所要做到的，不是一律地以这种暴躁的方式解决，而要选择相信孩子，让孩子做选择，家长做的就是鼓励、支持，做正确的建议和开导。但是我从来不觉得柏老师——我的妈妈，当初给我提转学的建议是错误的。因为毕竟每一个家长，尤其是母亲，是不希望看到自己的孩子在学校受到半点伤害的。当初妈妈所做的决定，我一点儿不生气，或者有任何情绪，她当时做的也都是为我好。但是我当时的选择是没有问题的，是很正确的，也遵从了我的内心。

欧阳添馨校长：

特别感谢你的回答。感受到了在这期间你选择挑战这个问题，自己解决这个问题，拥有了自己的主见。家长也不要急躁，把问题交给孩子来自己解决，要正确地开导和引导。我的第二个问题，咱们今天一直探讨的一个问题就是发现自己的兴趣。你从小也上了很多兴趣班，咱们神墨也是在做兴趣培训的这部分，孩子在这个过程中面临着不仅是神墨的特长班，还有很多很多的特长班。他在选择的过程中会有坚持，也会有放弃，甚至现在有很多的家长投石问路地来看孩子兴趣班的学习。我的问题是，你对现在的兴趣班，家长对他们的报班，或者对他们培养的兴趣，你有什么样的一个建议？或者作为父母，我们给孩子兴趣的培养上有怎样更好的建议呢？

李少乙：

关于这方面的问题我之前也讲过，让他自己选他自己感兴趣的事情就可以了。父母不要让他学七八个兴趣班，每个兴趣班都报一遍，这是没有必要的，找几个他比较感兴趣的就好。让他自己选择，他们自己选的最适合自己，一下就能知道他们自己想做的是什么。而很多兴趣班，孩子不喜欢上，也不想和家长说。所以父母要多鼓励孩子，多支持他们，让他们自己做选择，他们做出的选择，他们也会考虑，这个选择会给他们带来什么代价，给他们有什么好处，有什么缺点，他们要考虑什么。其实父母别看孩子很小，当他们做选择的时候，他们也会像我们大人一样考虑很多。

欧阳添馨校长：

特别感谢少乙的回答，让孩子自己做选择，要给孩子需要的。最后在这个部分，我们校长在办学路上给予家长支持的时候，或者给孩子在兴趣这部分引导的时候，孩子可能已经选择了我们兴趣班，怎样更好地发现和支持他们？很多家长选择了神墨的兴趣班，那么作为校长或者老师，在这个过程中如何支持孩子，发现他的兴趣，或者给家长引导和支持，让这个孩子发现和支持他的兴趣的培养？

李少乙：

对于这方面还是和之前说的一样，就是多观察，作为老师的我们更应该多观察每个孩子在课堂中的表现和行为，这可能给孩子提供很大的帮助。我们观察每个孩子知道他们的性格特点之后，能推断出他们更适合上我们神墨的哪些兴趣班。我们神墨包含6种不同的兴趣课，而且每一种区别都是很大的。比如有些孩子在课堂中表现得很积极、很开朗，讲话和表达都很全面，说话的时候也不紧张，他就很适合上神墨的口才班，要让他锻炼自己这方面的能力，这就很适合他们。有些孩子展现出了打算盘的那种快感，或者他们就有这方面的天赋，就让他们上珠心算课，那就很适合他们。所以归根结底一句话，就是多观察、多发现、多鼓励、多支持。对于兴趣课的选择，这就是我想说的。

欧阳添馨校长：

多观察、多发现、多鼓励。好的，特别感谢。刚刚听到校长在给你对话的时候或者补充的时候，说到了父母，其实在这个过程中，父母的成长对孩子的成长引领会更大。今年过年的时候我有一个很深的感受，我一直在用我原来的方式对待我的孩子，我的孩子那个时候还不到三岁，和朋友家的孩子一起玩耍，朋友家的孩子大一些，然后他们两个冲突的时候，我就批评我的孩子。其实那个时候，我没有太大的意识，后来回想一下，其实我在这个过程当中，过去的那种认知，觉得不好意思讲对方的孩子，我只能告诉自己的孩子要谦让。其实我在这个认知上是有错误的，那个晚上他们两个在一起玩时起了三次冲突，我们作为家长是要进行调解的。通过今天的对话，在这件事情上，其实父母在认知上的提升，对于孩子来说影响是特别大的。后来一个老师在和我沟通的时候，说你的孩子不一定是错了，但是为什么你总会说自己的孩子，而且说完以后并没有产生效果，他们依然发生冲突。在这个过程中我发现了，其实我没有站在自己孩子的立场上考虑他的问题，或者站在他的立场上感受他的感受，只是用过去的认知解决这个问题，让自己的孩子慢慢地感受到有点孤单。所以我感受到父母确实是要关注自己的成长，这样才会对孩子的影响更大。特别感谢少乙，这个问题也得到了解答，兴趣和培养的话题解答得非常好，也解决了我的问题。很感恩有这样一次对话的机会，让我收获非常多，感恩李校长，感恩大家，感恩少乙。

林丽华校长：

感谢欧阳添馨和李少乙的对话。下面有请各位校长先做个总结，少乙做最后的总结。

尚益岑校长：

通过今天晚上的对话，我深刻体会到，要多观察孩子。我们自己的孩子和学校的学生，我们都要多观察，用心地对待他们，用心地进行养育、教育，平时不要管得太多，要多鼓励、多支持。非常感谢。

王瑞芳校长：

各位校长，大家好。今天听了李校长和少乙给我们解答问题，我真正地明白了要先倾听孩子的想法，每个孩子都有闪光点，找到他的天赋，看他真正喜欢的点在哪里，他喜欢的肯定会有动力，并且付诸行动，然后鼓励和帮助孩子，尤其在精神层面上。同时也给孩子建议，让孩子也多倾听家长的提议。关于学习，李校长也说了，不是为了学习课本上知识而学习，通过网络、打篮球、聊天、打游戏都是在学习知识。除了学习之外，好多兴趣爱好也是学习，我们做家长的要提升自己的想法，作为优秀的父母，之后我要更加努力地学习家庭讲座这方面的内容。关注刚才李校长说的新生代公众号，我一直没关注过这个公众号，之后我要关注，多从孩子方面入手，了解我们身边的每个学生、身边的每个孩子，给家长多提宝贵的建议。谢谢大家了。

欧阳添馨校长：

今天我也有很多的触动，一是做个有心人，随时随地关注自己的孩子，这样才能发现和挖掘他的潜能，在孩子长成过程中给到他更多的机会发挥他的优势。还有一个非常心动的地方，就是李校长刚刚说关注新生代的公众号，听完这里的对话后很有力量，而且也很激动。最后就是父母要多多成长，这样才能够让自己的孩子成长得更好，父母要做孩子更好的榜样。谢谢，完毕。

李少乙：

感谢所有家长刚才做的总结，我今天也学习到了很多，虽然我一直在给大家解答问题，但是通过大家对我的提问，我也重新回顾了一下对于自己的兴趣爱好是如何发现、如何成长的，这也给予了我新的认知。通过很多校长分析问题，分析自己孩子处事方法的时候，我也重新回顾到了我当时处理的一些事情，尤其是我在美国的那些事情，回顾了一下我当时选择关注的那件事情对我的影响，以及我当时的抉择是正确的还是错误的。关于最后一点，李校长也分析了很多，关于孩子心性和天性的话题，我作为新生代的成员，以后我也要多学习这方面的知识，以后等到我们有更多新成员加入的时候，我可以以这种方式发现他们擅长的东西，以及他们感兴趣的课程。这是今天我对整个会议的总结。

林丽华校长：

李校长，你这边再说一下吗？

李绵军校长：

我最后说一点，下一期和少乙对话就是关于孩子看世界这个话题。第一，少乙很小的时候，我就带他走了国内的很多地方，我印象当中他应该去过28个国家，在他10岁之前就去过28个国家。我们可以探讨这一部分，因为他在美国也待了几年，看世界对孩子打开眼界的好处，可以听听他的心声。这部分也是很重要的，这是下周的内容。第二，我刚才想了一下，校长们都特别关心怎样发现孩子的天性、新生代的成长问题，这个方法我也在探索。新生代办了一年多，应该是找到了很多方法了，我想也可以总结提炼一下，需要一部分志愿者来完成这个工作。今天咱们有40位校长在这个群里，感兴趣的可以当志愿者，当然当志愿者是有水准要求的。志愿者要做的工作是什么呢？就是新生代成立那一天有很多对话，可能有60多个对话了，60多个对话的录音，甚至60到100个，需要把这些录音整理成文字。通过这些文字，我们整理成新生代成长的教学案例。比如新生代这个活动，在复制的过程当中，就像咱们珠心算讲课的过程中要有教案、有模板一样。实际上，我过去和新生代互动的这些对话，大家拿过来就可以用，就像珠心算一样，你上来怎么教。新生代来了后，你该怎么教、怎么开始、说什么话、问什么问题，大家就照着那个来，你可以选。现在这60堂课已经是60个话题。今天我问这些孩子的问题，未来三年的自己是什么样？他们每个人要演讲，每个人大约演讲了20分钟，其他的新生代就给他提问。一个孩子下来大约要半个小时，今天是两个小时，四个孩子讨论这个话题，讨论得非常激烈。过去还探讨过一个话题，过去的三年，你经常思考的问题是什么？这个问题就要讨论两个小时，很多很多这样的话题，还有父母的优点、缺点，最喜欢的人、最讨厌的人都有什么特点，等等。当然问话的过程中，是有技巧的，看上去就轻描淡写地问了一句话，但它里面是有目的的，孩子是怎么回答的。如果把这些材料整理出来，我们就可以编成书。将来志愿者拿到这些材料，找五个、八个孩子，就可以训练。

在整理这些材料的过程中，实际上你就明白了很多，为什么要问这个问题？孩子的表现是什么？这可能对你教育自己孩子很有帮助。如果泛泛地听，你就听了这部分、那个部分，这个孩子这样说、那个孩子那样说，你不一定听得下去。当然，写成这个材料需要花工夫、花时间，甚至还得当教案写。有了这样的志愿者后，我们就可以分配语音，由韩炜老师给大家分配语音，大家整理，最后的时候我们可以结集成书。当志愿者有什么好处呢？第一，你可以拿着这个材料整理；第二个，可能在适当的时候学会如何和孩子互动，如何当一个新生代的教练，就像当年学珠心算、教珠心算一样，你会掌握一个新的技术，就是做新生代的教练。大家感兴趣的可以找刘韶平报名，韩炜也在这个群里，可以找到新生代语音群里的录音。朱育莹应该有录音，你也可以从公众号里下载，下载了由韩炜老师给大家指导，怎么样通过语音把文字翻译出来，再校对一下，一点点梳理。这个东西要做成教案式的。如果只是文字，拿着这个文字可能就很费劲，要教案式的。比方问答，包括总结，最终抽出精华，这篇文章的提纲是什么？问的是什么？要把主要问的内容弄出来，以后我们在用的时候就比较方便了。当然，这个大家自愿，你根据你的情况。感兴趣的，咱们就可以往前推进这件事情。咱们今天就到这里，大家辛苦了。

林丽华校长:

感谢李校长最后给我们这次会议做的总结,大家要积极地参与做新生代的教练,最后感谢各位家长的参与提问、互动对话。感谢各位校长和新生代的聆听,感谢少乙同学和我们的对话,更感谢李校长的补充。每次的学习参与都让我们做父母的受益良多,也让我们旁听的小朋友和大朋友有不一样的收获。下一次参加的时候,大家可以带上孩子和我们一起听,共同学习进步。今天的对话到此结束。

作为家长，对孩子的教育不仅要让他们好好学习、天天向上，还要让他们走出去看看世界。

知识不是只有在课本中才能学到，知识可以在我们生活中处处学到。家长要多带孩子看看世界，这样不仅能增加他们的知识，还可以锻炼他们，朝着更好的方向发展，同时也会发展他们的兴趣爱好，让他们更好地认识自己。

第七期　孩子对看世界的内在心声

李绵军校长：

各位校长，大家好。今天是周三，又到了各位校长和少乙进行对话的时间，今天的主题是关于孩子看世界的话题。李少乙，还有少元，从小到大，我和柏老师带他们去了很多的地方，在他们很小的时候就到国内走走，再大一点就去了很多的国家。少乙在这方面应该也有一定的体会，尽管小的时候有些东西他忘记了。但看世界就像吃东西一样，吃了东西之后它会变成我们身体的精华，同样看世界也会给我们留下精华，可能我们忘记了吃了什么东西或看了什么东西，但它会给我们留下宝贵的人生阅历。

我个人认为看世界是非常重要的，日常的学习、发展兴趣也非常重要。看世界就是扩展境界，咱们说的境界就是一种情境的世界，只有我们看了、走了，才能更有效地变成我们的境界。所以我倡导咱们神墨的校长、老师们多多地看世界，也带着自己的孩子多多看世界。在看世界这个话题上，很多校长可能会觉得需要时间、需要金钱。实际上，国内的旅游和国外的旅游，如果计划好了，花费并不会太高。如果我们觉得需要花很多钱，往往是与我们童年生活的匮乏有关。我们认为会花很多的钱，这些不在我们的家庭开支里，这样的想法会影响我们的决策。其实你计划好了，也不会花很多的钱，我认为很多家庭都能够承担，我们工作挣钱不就为了更好地生活吗？所以在这方面要打开。关于时间，即使我们是上班族，我们有五一、端午节、国庆、春节，也是可以规划时间的，甚至还可以请假，等等。这些只要规划好了，都不是问题。当然这是我对看世界的看法。接下来我们就请李少乙和大家对话。少乙，你先开场给大家讲讲。

李少乙：

各位在场的嘉宾、老师，还有同学们，大家好。我是神墨新生代的李少乙，今年16岁，就读于中国北京一所国际学校。我先讲一下今天的主题，今天的主题就是看世界对孩子的影响。我先简单介绍我去旅游或者看世界的经历。小的时候，大概从4岁至7岁这几年期间，爸爸和妈妈，主要是爸爸一直带我和我哥在国内看世界，我们之前去过很多省，大概在八九岁的时候，李校长带着我们全家人去美国，美国加州圣地亚哥旅游了二十几天，在那边看了当地的景点，也去了洛杉矶，玩了迪士尼、环球影城和那边的一些知名的项目。第一年我们是寒假去的，大概去了二十几天，第二年是暑假，我记得一共有 35 天左右，也是在当地玩了玩，参加了那边的夏令营，感受了美国那边的文化以及那边的环境，总而言之，一共是去了两次美国。大概在 9 岁、10 岁的时候，在一次暑假当中，我们第一次去了欧洲，当时去了 7 个国家，有意大利、法国、德国，还有比利时，具体的我有点忘了，大概也是去了一个月，每个国家平均待三天，这是第一次去欧洲看世界。那个时候我还比较小，也不知道玩什么，到了之后就跟着车，车开到哪儿，我们看到哪儿，那次也是一个比较私人的旅行。选了旅行社，但是我们并没有和那种大巴车的大团去旅游，我们一家四口，然后有个导游开着车，带着我们去玩，就是这样一个情况。之后那年的寒假，我们去了澳大利亚，还有中东的一些国家，东南亚三个国家，马来西亚、新加坡，还有一个，我好像忘了，后来又去了澳大利亚和新西兰，大概 5 个国家，也是去了二十来天，这是那年的寒假。到了下一年的暑假，因为上次去欧洲那边没玩完，大家都想再玩一次，所以我们又去欧洲玩了一次。第一次去的是中欧的一些国家，这次先是从希腊开始，从希腊到西班牙、葡萄牙，再往上到英国、爱尔兰，到北欧五国，最后又跑到俄罗斯，从俄罗斯飞回北京，这是我们第二次去欧洲，大概玩了 40 天。之后还去了些小国家，如日本、韩国，还有加拿大，这些国家我们都去过。但是最主要的大旅行就是美国两次、欧洲两次，然后再去东南亚和澳大利亚，大概就是这样一个情况。我们可以开始对话了。

冯谷怡校长：

谢谢李校长，谢谢少乙的分享。今天晚上我们的对话的提问顺序是农梅玲校长、吕瑞校长、邝纪平校长，还有明小双校长。首先我们有请农梅玲校长进行提问。

农梅玲校长：

校长好，少乙好，各位校长晚上好，我是广西田东的农梅玲，非常开心有这样的机会来学习。我先简单介绍下我的情况，我儿子现在是 6 岁半，今年 9 月即将读一年级，现在我肚子里面还有个小宝宝，将在 20 天左右后出生。今天晚上我想向少乙提问两个问题。我和我爱人有这个计划，在我儿子二年级的时候，也就是明年 9 月，送他去我们当地比较好的学校上学，北大的附小。但是它是一个寄宿学校，星期天的下午送去，星期五下午放学接回来，周末才在家，其他的时候都是在学校寄宿的。我自己有一点纠结，我们自己的初心是想让孩子早点接受到更好的教育，但我们自己内心又很担心，在他这个年纪如果缺少父母的陪伴，对他的成长会不会造成不好的影响。我不知道我这种担心是不是多余的。少乙，你是怎么看待这个问题呢？

李少乙：

对于我来说，因为我们家还有个妹妹，她 8 岁从美国回来后在北京读了一所国际小学，当时她是很不愿意的，但现在也适应了。如果送孩子读国际学校，像寄宿学校，不一定是国际学校，让孩子体验这种独立生活，在一个陌生的环境和别的同学打交道、去社交，这是一个很好的锻炼，也是一个很好的环境。但是像这种情况，父母的陪伴肯定不如走读生那么多，每天回家都能见到爸爸妈妈，他们可能只有周六、周日才能回到家里，父母的陪伴相对比较少。但是我们也可以利用好他在家这两天，带他出去玩，出去吃东西。就像心柳回来了之后，我们一家人也会带她去外面吃顿饭，带她去玩玩、走走，增加我们家庭的感情和互动。父母的陪伴肯定会比以前少。但是我觉得倒也没少多少，父母利用这两天多陪伴也是很值得的。也有些孩子就算父母在家里，他回到家，父母很少和他们说话，孩子也很少和他们说话。如果是这种寄宿的，他们可能会更在乎、更看重这方面的感情。如果换作是心柳，她读的如果是走读学校，她可能对父母没有那么想念。她一周只能见两次爸妈的话，她肯定是非常想爸爸妈妈的，也能增加一个这样的感情，提供一下这样的一个需求，我觉得是非常好的。家长不必有太多这方面的焦虑，一定要让孩子重视起他自己的学习和家庭。

农梅玲校长：

这方面，其实还是需要我们父母引导孩子。少乙，我还想问一下，心柳是多少岁开始在外面寄宿的？

李少乙：

她是从二年级。

农梅玲校长：

我自己的情况是这样的，因为我也是比较小的时候，从四年级开始，就是10岁开始离开父母，一直到毕业，到工作，我都没有在父母身边。我从小时候就在外面读书，有的时候比较近的，在县城我们就是一周回来一次，后来我去市里读书后，一个学期才回来两次左右。我小时候就觉得自己好孤独，一到周末别人的父母来看孩子，而我父母很忙，也没有时间来看我。我的焦虑在于我自己原来一直很缺乏这种关爱，所以我才有这方面的焦虑，但是听你这么说，我觉得还是很好的，关键在于我们父母平常如何和孩子沟通、引导孩子，在这方面刚才听你这么说，我也有这样的经历，我想我的担心应该是多余的。

李少乙：

因为很多家长的顾虑都源于自己小时候的经历，小时候经历过，就会担忧在自己的孩子身上重现，这些是多余的，这都是自己的问题，没必要强加在孩子身上。你越这样担心他，孩子越可能会变得像你小时候那样。从你这儿开始改变，改变就是每次孩子回家都要好好陪伴他，让他感受到家的温暖，同时他也可以和别的同学打交道，在那里学习，他也能感受到学校的学习气氛。我们从现在开始就可以改变这样的理念，不要让孩子以为家是孤独的，是不好玩的，没有人陪伴。

农梅玲校长：

谢谢少乙，这个问题，我清晰了。

我现在想问第二个问题。我们家也是夫妻办学，当学校工作很忙的时候，我们很多时候就顾不上孩子，这个时候孩子大多都是和奶奶在一起，但工作闲下来的时候，我们就很想带孩子出去走走，去游玩，去旅游，带孩子吃喜欢吃的东西，我自己很想做这件事情。但是爸爸的想法就不一样，他认为前段时间那么忙，难得闲下来，就应该好好休息，他就这么想，陪孩子不一定要带孩子出门，不一定要旅游，也可以在家陪。在这一个问题上，我很难接受，就会抱怨他自私，不了解孩子的需求，也有几次因为意见不统一，我自己带着孩子出去玩了，在游玩的过程当中，我能感觉到孩子虽然玩得很开心，但是能感觉到如果有爸爸的陪伴，他肯定会更加开心。因为毕竟男孩子，很多时候他是真的很需要和爸爸之间做男人之间的互动，在游玩的时候做这种互动。我想问的是，少乙你小时候在李校长很忙的情况下，你是不是也有这种渴望李校长能有空闲的时间带着你玩，或者李校长由于工作比较忙，你们大多是和柏老师一起生活的时候，你是否有这种渴望，也希望父亲能有更多的时间陪伴你？你们小时候有没有这样的渴望？

李少乙：

肯定是有的，我小时候，李校长工作比较忙，很多时候都不在家。我们到了美国后，他一个月才回来一次，一个月在美国，一个月在中国。但是他只要是闲下来的时候，比如工作忙完，而且有时候他工作没有忙完，他也会挑一个时间带着家庭去旅行，让我们一起看看世界，增进家庭的感情。他并没有像你孩子的爸爸那样，觉得太累了，要休息，我们基本上所有的旅行都是他规划的，我们都是跟着他一起去。我们去澳大利亚、去美国、去欧洲、去日本、韩国、去加拿大，都是他一个人规划的，我们都很少参与这种事情。

他只要一闲下来，有寒暑假就会带我们去玩，国庆节时就带我们回老家，或者去别的省玩，他很喜欢带我们去旅游，他觉得这是很开心、很幸福的一件事情。看到自己的小孩在外面看世界，或者家庭一起活动，他感觉这件事情是很开心的。至于我有没有对爸爸的想念，肯定是有的，在美国那段时间，因为一直是妈妈陪我们，爸爸虽然一个月才回来一次，但他每次回来的时候都待在家里面，也不会每天去外面工作。我们每天回到家都能看见他，所以没有很缺少爸爸这方面的陪伴。

农梅玲校长：

我和爱人之间的沟通可能没有真正地沟通到位，所以导致他的想法和我的想法完全不一样。我在这方面扮演的角色就像李校长去规划、去玩、去旅游多一点，他爸爸和我想法不一样，所以在这方面还是我和他之间的沟通问题，没有把这种陪伴孩子或者游玩对孩子的影响这方面沟通清楚。我没有和他分析清楚，可能才会有这样的情况，以致现在 6 岁多的孩子和爸爸相处的时间比较少，我总觉得他没有很阳刚的感觉。一个男孩子说话语气很柔弱，他总会问："我可爱吗？你觉得我呆萌吗？"类似这样的话。他问了很多，给我的感觉是因为他和父亲在一起的时间太少了，所以缺乏这种阳刚之气。他好像有时候有点软弱，也很爱哭，动不动因为一点小事情就哭鼻子。这种会不会是因为他和父亲之间相处的时间太少了，所以才会有这样的情况？

李少乙：

也不能完全这样说。有些人比较脆弱，可能他天性就是这样子，也不能说全怪父亲没有陪伴他，他这方面也可以锻炼出来。比如让他自己住宿，就能让自己独立起来，他会想办法让自己和同学们处好关系、独立，这方面都是可以磨炼出来的。您没必要把这个责任强加于父亲。你如果陪伴他，有可能也是这样子的。如果爸爸每天宠着他，他想做什么就让他做什么，和同学一起住宿舍后有分歧，他还会这样子，变成稍微软弱的人。所以孩子需要多磨炼，多去外面走一走，多和别人打打交道，把自己内心的强大给练出来。

农梅玲校长：

谢谢少乙。今天晚上的两个问题，我基本上都已经得到解决了，谢谢你。

吕瑞校长：

各位校长大家好，少乙好，李校长好。今天能有这样的机会，我特别开心，也非常激动。我想问少乙三个问题。第一个是我家有一个宝宝，现在是5岁多一点儿，属于大班刚毕业，该上学前班了。因为涉及要上小学的问题，我如何更好地给他选择？因为我们也属于异地办学，我们在一个县城里，但是我们在郑州市也有房子，之前老公在郑州工作，老公希望孩子上小学之后来郑州上学。我内心纠结的地方，就是如果孩子来郑州上学，我就要在这边陪着他，不能很好地投入工作中。我也在纠结，孩子在一年级时就来这儿，还是上三年级以后再到这边上学。在学习这方面，我也不知道该如何更好地选择，所以我也特别想听一下少乙的建议或者你的想法。针对学习这个事情，县城和省会里的教育肯定是不一样的。这是第一个问题。

李少乙：

对于第一个问题，可能我的经验少一点儿。我是在北京读的小学，然后去美国读的初中和高中。但是我有类似的经历，我在美国读初中时读的公立学校，在美国读高中时读的是私立学校，我感觉两者的区别还是蛮大的，光从公立和私立就能感受出来学校的区别，像县里和市里学校肯定也有很大的区别。我就针对我的经验讲一讲我的看法。

在中学的时候，无论读公立学校还是美国公立学校，家长都不用交钱，孩子到那儿直接上学，但公立学校环境相对也差一些，条件比私立学校差很多，比如教室或者硬件设施都差很多，一些同学素质，还有家庭环境、家庭条件也都差一些。我感觉这段经历也是很好、很值得怀念的，如果我没有这段经历，我不可能成长到现在这个样子，因为那段经历让我变得更加强大。虽然我去美国东部只读了半年，但是我也能强烈地感觉到私立学校气氛、环境和人脉区别很大，整体素质比较高。我再回到刚才那个问题，光从私立和公立学校看就有这么大的区别，县里和城里的学校肯定也有。比如县里的学校可能管得稍微松一点，大家的素质可能会低一些。但是市里的学校可能相对来说管得严，对每个孩子都比较苛刻，他们学习压力也比较重，我认为这方面也需要孩子亲身体验。对于我来说，孩子一年级去读还是三年级去读，我个人建议是从一年级开始读。因为我小时候就很不喜欢那种插班，当一个转校生的感觉。这边班里大家都认识两三年了，我插进去，一个新环境，总而言之，这是一种很不舒服的感觉。所以可以的话，尽量从头开始，大家同一起跑线。他交朋友方便，和老师沟通也方便，以后的学习压力都会比插班生减少很多，因为他已经适应了很多。我给的建议就是这样的，能行的话，一年级去读，如果行不通，后面去读也可以，也不晚。

吕瑞校长：

通过你的回答，我心里有大致的方向了，知道该如何更好地给孩子选择学校。第二个问题，因为现在属于智能时代，孩子看手机好像都已经成了非常普遍的一种现状。我给我儿子有规定，我告诉他，可以看手机，只不过我们要有一个约定，每周六我们可以看两集的动画片，《小猪佩奇》之类的动画片。我们的约定一直都非常好，只不过这段时间，因为河南暑假班没有开课，我就带着老师出去学习了几天，交流访学了几天，就发现儿子会和住在我们家的堂姐一起看手机。我回来之后，我发现他只要看到我的手机往那儿一放，他就会拿着看，就是偷偷地拿着看，而且他还会无形中撒谎。我那天走的时候是周六，他就问周几了？我说周六，他问可以看两集动画片吗，我说当然可以。看完之后，周日的时候，他就给他姐姐说，周六没有看动画片，所以要用姐姐的手机看两集动画片。就有这样的一种现象的出现。我在想，是我太在意他的这种行为，还是我把控得太严了？孩子这样的撒谎，或这种现象的出现，我没有找到原因。少乙，你在小的时候，有没有类似这样的一件事情？你特别想做这样的事情，不得不说一些善意的谎言呢？我不知道该如何更好地给予他正向的引导，这件事情我应不应该和他好好地讲一讲？

李少乙：

我在很小的时候，就在上小学之前，或者在上小学的时候基本上不怎么看手机，一般都是看电视，而且那时候看电视都是比较有节制地看，对于手机、电脑都不是很感兴趣。自从有了手机之后，因为我没玩过，不知道是个什么东西，而且那个时候爸爸妈妈也不让玩，管得很紧。爸爸妈妈管我管得很紧，管哥哥管得也很紧，因为我哥哥很喜欢玩这些东西。每当爸爸妈妈看到他玩的时候很生气，就批评他，我从小就有一种理念，我玩手机是不好的、不正确的，就没怎么接触。但是自从进了学校之后，我发现同学好像都在玩游戏或者看东西，而我什么也不懂，那个时候就对这方面有很大的好奇心。我自从有了手机，不管游戏还是视频，我就喜欢看，玩游戏的时候瘾也很大，因为之前没玩过，没看过。当慢慢长大了以后，我就发现自己学习了更多，或者说遇到这方面更重要的事情时，就不会再刻意玩了。我现在玩纯粹就是为了和同学、朋友一起娱乐，把它当成一种娱乐方式，就和打篮球一样，我和同学一起打篮球，一起玩游戏，这是很正常的事情。至于小时候有没有这种撒谎、玩游戏或者看视频，肯定有，我相信每个现在的小孩小时候也撒过这样的谎，比如看什么东西看到很晚，完了也不和家长说，把手机藏在屋里玩，这方面经历肯定有的，小时候都做过。比如心柳也经常做这种事情，开始我和妈妈、爸爸都是比较生气的，但多了之后觉得也很正常。小孩都喜欢这些东西，为什么不让她做？她做多了，可能就不喜欢了。我哥小时候很喜欢玩游戏的，但长大了，他玩着玩着玩腻了，网瘾就没那么大了。家长管得严也是一方面，不能说小孩儿一直看手机就是错了，肯定要节制。父母得想法子看到这方面的积极性，可以把它当成一个社交平台，让他和同学有更多的话题。你可以想象，他们一起看动画片以后，可以和同学一起交流，一起玩得更开心。你可以换个思维想想，玩游戏、看视频不一定是坏的。它肯定有积极的价值，孩子整天做这些事情，那就不对了，可以适当让他放松放松，周六、周日别管得那么严，或者平常的时候别管得那么严，该玩的时候让他玩，该学的时候让他学。我大概就是这样的看法。

吕瑞校长：

我儿子特别遵守我们的约定，这一点还挺好，就是看两集，他看两集结束之后，无论我在忙也好，或者怎么着，第二集结束后他就会第一时间把手机直接交过来。这一点，他还是挺遵守承诺的。有的时候，自己的引导也是非常关键，也是非常重要的。

第三个问题。因为我平常经常给很多父母上父母课堂，讲该如何更好地引导孩子，更多地教育孩子，父母该如何更好地以身作则，会给家长讲类似的课程。家长有什么样的疑问，会发信息问或者打电话。一个星期以前，有一位家长说，孩子现在 16 岁了，特别叛逆，每天玩手机、打游戏，也会撒谎向父母要钱去网吧打游戏，他爸爸妈妈实在管不了了。这个孩子出现偷偷地抽烟、喝酒这样的现象。可能是因为他的父母确实也比较忙，很少关注这个孩子，当孩子出现这种现象的时候，他们就特别气愤，恼羞成怒，孩子特别不能理解他们。我觉得父母身上肯定也存在一定的因素，肯定也有一些问题，但是我也给他们一些指导。这个孩子这样的心理，是想引起父母的重视，还是怎么样？我特别想问你，当孩子处在青春期的时候，和父母唱反调、对着干，有这样叛逆的行为和思维的时候，站在你的角度上，你认为这个孩子该是什么样的一种心理？

李少乙：

孩子在青春期出现叛逆很正常，每个孩子在青春期的时候多多少少都会有叛逆，他叛逆的程度就源于父母在他小时候对他管教得是严厉还是宽松，这是成正比的。孩子在小时候，父母对他管了多少，青春期他长大后，身体变强壮了，长高了，他就要把这些小时候的不满、不敢和父母说的东西，都用行为表达出来。孩子抽烟、喝酒和打游戏，叛逆、不听家长的话，都源于他小时候，比如父母在他面前抽烟喝酒，和别的朋友玩，不让他发表任何意见，家长也不听小孩儿说什么，不管他心里想什么，给他安排什么事，不听从他的意见、不尊重他，它是成正比的。你也可以回去想想，为什么自己的孩子会出现这种状况，父母身上是不是也有这种状况，在孩子小时候，大人有没有，抽烟、喝酒，叛逆，也不听别人的话，吵架这方面的事情。如果有的话，大部分原因是孩子从父母点点滴滴的生活事件中学到的，如果没有，肯定是因为父母小时候管太多，对于孩子的限制太多了，导致他在青春期进行了大爆发，大爆发也是值得的。如果他一直憋着，不和父母交流，不表达自己内心想说的，他长大了之后，肯定更叛逆父母，他会把情绪和负能量一直积攒着，总有一天他会爆发出来的。

吕瑞校长：

他的父母是这么一种情况，因为孩子要去别的学校上课，去上特长班，他就向他父母要钱，但他的爸爸就想，如果给钱的话，孩子是不是拿钱去上网打游戏了，如果给得少，又怕孩子不够吃，吃不饱，父亲也特别纠结这样的事情，不知道如何更好。其实父母更多的还是要慢慢地走进孩子的心里，坐在那儿好好地和孩子聊聊。

李少乙：

家长需要提升，如果家长一直不提升，孩子也不可能提升，他关注的肯定是家长做过的事情，家长就是他们第一个要成为的对象，他的父母是什么样子，未来他肯定是按照自己父母的样子走。他父母要是抽烟、喝酒，他以后肯定也会在往这方面走；如果父母在他成长的道路上不断地成长、不断提升自己，孩子就会看到这些成长，孩子也会在下意识地成长自己、改变自己。

吕瑞校长：

是的。这三个问题，我跟你进行简单的沟通、梳理完之后，我更多的是坚定了自己的想法和信念。我也有了一些思路和方法，接下来该如何更好地引导自己的孩子，也有了方向，特别感谢少乙，谢谢。

冯谷怡校长：

李校长，您要补充吗？

李绵军校长：

刚才吕瑞校长的问题，我再补充一点。关于第一个问题，少乙从孩子的角度给了你很好的回答。你把孩子放到县城还是放到郑州，你要考虑自己各方面的状态，你是一个性格非常要强、事业心很重的校长。假如你把孩子放到了郑州，你在县城工作，或者你陪着孩子在郑州的话，你要设想，你的工作状态、生活状态、情绪状态是什么样的；如果把孩子放在了县城，你的工作状态、生活状态、情绪状态是什么样的。在这个选择的过程中，它不仅是孩子的选择，还涉及家庭气场，包括你个人。也就是说选择正确的话，孩子到了学校他会很舒服的。但是如果你的选择影响了你的情绪，或者影响了你的整个工作、生活和个人的话，你的情绪状态会影响到孩子的。你要做这方面的分析，做这方面的评估。以我对你个人简单的了解来讲，你到郑州陪孩子的话，你可能会非常焦躁。你的工作顾不上，在郑州你又感觉无聊、太闲，这样你的情绪可能不一定好；如果你情绪不好，可能会引发夫妻间的冲突，你的焦虑也会让孩子看到，这方面对你孩子的影响并不好。你把这个因素要评估出来，你要考虑除了孩子选学校之外的因素，你把这些评估完了之后，再做一个最优的选择。没有一个绝对好的选择，只能相对好一点儿的选择。

　　第二个关于孩子玩游戏。在这个时代，孩子不玩游戏是不现实的、不可能的，通过人类的发展来看，未来的人，包括这一代的孩子，已经不是纯粹的人了。在他的生命系统里，就伴随着手机，伴随着游戏，伴随着网络，这些成了生命的组成部分。过去的人有三性，就是植物性、动物性、意识性。植物性就是我们都有细胞，和一棵树一样；动物性就是我们能走来走去；意识性就是我们能思考。而未来的孩子变成了四性，动物性、植物性、意识性，还有机械性，在他的人性系统里多了一台"机器"，多的"机器"就是这些网络、电脑、手机，这些东西从人性的角度来讲，肯定是不好的。但孩子缺了这个东西，人家是有四个，咱的孩子只有三个，反而是不正常的。虽然它不好，但是你不可或缺。所以从这个角度来讲，社会滚滚向前，你是抗拒不了的。孩子适当地玩这些东西，你可以适当地放开。还有一点，如果你不让他玩，有一个心理学的词汇叫过度补偿。像你讲的第三个问题，那个孩子就是过度补偿。也就是在童年的时候，他的一些需求没有被满足，他长大后，他有条件可以满足的时候，他就会过度地补偿。过度补偿就是我小时候没得到的，我一定得要补偿回来。这种过度补偿不是一倍的关系，可能10倍、100倍、1000倍，它可能是这样的一个补偿。在游戏这件事情上，或者手机这件事情上，我们不能管得太严。我原来对三个孩子在这方面也是严格要求的，后来了解网络方面的知识，认为适当地放宽一点，像少乙讲的，玩够了他就不想玩了。我小时候很喜欢看电视，恨不得24小时都在那儿看，现在让我看我也不看。他不想看了，不喜欢看了，看够了。越抗拒越坚持，搞心智沟通就这样，你抗拒得越狠，它形成种子的力量越强。所以适当地满足孩子，满足孩子反而他心里留不下痕迹，就给大家补充这几点。少乙回答得特别好，就是青春期的孩子一定和家长有关。我就补充这些，你们继续。

吕瑞校长：

非常感谢李校长。我知道省会城市一定比县城的教育要好，但是我为什么纠结？我在找那个平衡点，如果他去郑州，可能我真的是没有办法，心肯定是分成两半的，一半在学校，一半在孩子身上，没有办法很好地平衡这个点，这是我纠结的点。我会慎重考虑，也会全方面地权衡该如何更好地给孩子进行选择，全方面思考。特别感谢李校长最后的总结。

邝纪平校长：

李校长、少乙，还有各位群里优秀的校长们，大家好。我们家现在有三个孩子，第一胎是双胞胎，两个男孩，今年秋季马上升到四年级了。第二胎是一个女儿，女儿明年也要读一年级。目前家庭各方面都挺好的，就是困惑在孩子身上。今天我简单总结两个困惑，想求助一下。第一，我们家孩子个人品质、身体各方面都还挺健康的，但在他们小时候我们没有意识到他们的个人习惯、生活习惯和学习习惯，这些习惯他们到现在都没养成。比如早上起床之后刷牙、洗脸这些小的事情，就得催着他们，他们好像没有养成习惯。你催着他们，他们才会做；不催着他们，这些事情好像无关紧要，他们就不做。我每天都要催洗脸、刷牙等这些事情，非常头痛。他们已经读四年级了。这些事情虽然很小，但是我认为每天都是这样，让人很头痛。所以我今天想请教少乙，这些事情应该怎样引导他们，更好地帮助他们养成习惯，让他们意识到这些事情虽然很小，但对他们来说也很重要？

李少乙：

针对这些小习惯，怎样让他们培养出好的习惯？第一，家长要以身作则，如果家长做不到，孩子也不可能做到。如果家长能够做到，孩子看到了，他们肯定也会尝试改变。第二，让他们知道这是他们自己的事情，并不是家长的义务，让他们坚持做这些生活中的小习惯。你可以和他们讲，你们可以刷牙，也可以不刷牙，你们可以洗脸，也可以不洗脸。有一天你们到社会上看看，如果你们的牙齿全是脏兮兮的，脸是脏兮兮的，像没睡醒的一样，你们想想你们的老师、你们的同学会怎样看你们。这都是他们自己的事情，你就放手让他们自己做。直到有一天，他们的同学或者他们的朋友指责他们，为什么你的脸这么脏，为什么你嘴里有口臭。他们自己知道这些小毛病，他们自然就会改。我小时候，经常有这种小习惯，也做不好，自从上学之后，这些事情自然而然就成为习惯了。等他们的同学看到他们都做得很好，而且他们时不时就会这样调侃一下，他们就知道原来要这样改变。这样这些习惯也都养成了，像刷牙、洗脸、洗澡都改变了。最主要的就是家长要以身作则，自己做到了，在家里就可以给孩子培养好的习惯，让他们知道这是他们自己的事情，并非家长的义务，告诉他们必须做，也可以不做，但是到社会上吃亏的是自己。

邝纪平校长：

我也是这么做的，但是孩子做不到，就很担心。其实我也这样告诉他们，你们的身体是你们自己的，爸爸妈妈现在只能照看你们一时，一切都是你们自己的，经常和他们讲。我想等他们长大了，他们会知道的。第二个问题。在孩子小的时候，他们三个都是两周岁就送幼儿园了，都已经习惯他们不在家、不在身边打扰的那种感觉。我们家两个大的孩子学习成绩不太好，正好遇到了一个补习班，补习班从早上8点到晚上5点，我感觉这样挺好的，就把他们送去了，这样可以减少打扰我们，他们在学校，我们也安心。其实这半个月以来，我心里有一点点的内疚，好像后悔这个选择，让孩子这个月每天都在那里，从周一到周六，只有周日一天在我们身边，兴趣也培养不了，也不能出去开阔眼界。我们习惯了这种模式，习惯了他们不在身边，晚上回来会觉得不被打扰也挺好的，有时候他们回来给我们找一些麻烦，就会让我们很烦心。像这种思维，我认为应该让自己克服和解决。但有时候当孩子回来的时候、打扰到自己的时候，心里那种无名火就会出来，这是我的第二个困惑。少乙，用你的经历帮我分析一下。

两个大的儿子现在已经读三年级了，马上读四年级，从2岁到10岁这几年都是这种模式，全天是在学校的。现在小女儿上幼儿园也是这种模式，当孩子不在我们身边，挺安静的，当晚上他们回来之后，自己调整不过来那种状态，觉得很麻烦。这种模式我觉得很严重，自己对孩子的伤害其实挺大的。我有这方面的意识，但好像做的时候很难。

李少乙：

你有这方面的模式，和你小时候你的爸爸妈妈怎样对待你有关。你可以回想你爸爸妈妈小时候有没有这样对你，在他们工作很忙的时候你回去打扰，他们肯定有很强的厌烦感。所以你就要从这方面找，找到了之后就尽量去疏解自己的心情。你可以和你的爸爸妈妈沟通，把问题解决之后就会有很大的不同的收获。当你把这方面的模式、把你父母的模式给改善了，你理解他们当时的想法后，再回头看你的孩子们，你就知道原来你的爸爸妈妈是那样想的，当时我这样想肯定是不正确的，你的模式就会有所改变。第二点就是你需要改变自己的心态，你要站在孩子的角度想问题，他们如果一天没有见到父母，放学后，他们肯定要找妈妈玩，因为他们不知道你工作那么辛苦，他们只知道回到家就是玩，找家里人一起玩是开心的。就这两方面，你可以改善一下。

邝纪平校长：

第一点，少乙刚才说的，我想到我小时候也有这种经历，长辈都忙，他们也需要安静，他们做他们的工作，你就玩你的就行。你要打扰他们，他们有时候就很烦，好像和我现在对孩子这种方式是一样的。之前没有意识到，老想着对待孩子这样正常，因为你小的时候父母这样对自己的，现在对孩子就很自然地做出来这种举动了。第二点，你刚才说理解孩子，可能有时候我们天天很忙，孩子回来的时候，没有体会孩子的感受，孩子们也缺少关爱。这一切我感觉应该是原始家庭的模式，各干各的活，父母忙了一天一夜，回来洗洗澡就睡了，这是我小时候这种生活模式带来的。你帮我分析之后，我找到原因了，我要慢慢地改变，要不然孩子还会沿袭这种模式。

谢谢你的点拨，确实我感受到了问题。接下来就是自己和孩子在相处方面多提升自己。我们家仁孩子，在这方面的小事上，我担忧很多；在孩子相处上，感情联络上确实很少，和之前我小时候是一样的。谢谢你帮我找到这和我原生家庭是有关系的。

明小双校长：

李校长好，少乙好。关于今天这个话题，关于旅行看世界，我自己本身是一个特别喜欢去玩、去旅游的人。有时候工作一段时间比较累或者比较辛苦，我自己会想要出去走走看看，会放松很多，心情也会好很多。今天看到这个话题，我特别开心，我看到这个话题是旅游看世界，我第一个想到的就是以前看书或者看一些文章的时候，书上或文章上说如果你不出去走走的话，你会以为这个就是你以为的世界，所以出去旅游、去看世界这个话题我很感兴趣。我想和少乙聊聊，我们去旅游看世界，在我们这个过程当中，到底看的是些什么呢？少乙，你怎么看？

李少乙：

针对这个问题，就是去外面看世界，我到底看到了什么？其实很简单，去外面看世界，刚才开头的时候李校长也讲过，就和我们平常吃饭一样，吃进去了，可能当时会记得，但过两天、过一周都忘了。让你回想你上个星期这个时候吃的晚饭是什么，你肯定想不起来。但是你的骨子里就会有那种味道，下次再吃的时候，就会想到之前吃的感觉。你有一次点了一份特别好吃的牛排，下次又点相同的，你当时可能不知道，但是吃起来的时候就会有那种味道，你会想起来原来这个牛排我吃过，这和旅游是一样的。我曾经旅游的事情，我现在也很难回忆起来具体去了哪些国家、哪些地点、哪些景点、哪些城市，都做了些什么，让我现在想肯定想不出来。我不用再去亲身经历，在交谈旅游经历的时候，我就会突然联想起来，我当时去过这个地方，我看过这方面的文化，了解那边知识。比如提到罗马有哪个城市，如果现在让我想，我可能想不起来，但是一提到那个场景，我就立马想起来，罗马里居然有个梵蒂冈。它居然有世界上最大的教堂，我就会联想到居然有这样地方，有这么一个知识，对我帮助很大。去看世界，了解不同的文化和文明，是非常棒的。还有一点就是这些去过的地方都会刻在骨子里，就和吃饭一样，这个味道是能记得住的。你硬想是想不起来了，但是它会一直在你的潜意识里，每当说起这个地方的时候，你就会能想起来当时去的时候有什么样的看法。这对我们以后步入社会，和朋友打交道，是有很大的帮助的。

明小双校长：

第二个问题我还想问一下，在疫情之前，我们基本上寒假、暑假都会出去一次；疫情之后，我们带着自己的爸爸妈妈一家人出去的时间会比较少。我刚刚听少乙介绍和李校长、柏老师，还有哥哥、妹妹一起出去玩。你觉得对你来说一大家子人出去玩，在出去旅游看世界的过程中，你最大的收获有哪些呢？

李少乙：

最大的收获肯定就是家庭情感的链接。如果在日常生活中，大家很难有这种聚在一起旅行、长时间待在一起的感觉。在家里时虽然我们也在家庭中，但是大家都各自在自己的房间忙不同的事情，就吃饭时聚一聚、聊一聊。旅行是一个很好的机会，让全家人的感情一起互动，比如在景点的时候会讨论关于景点的话题，在车上的时候可能会有有趣的事情，这都是很让人开心的。还有很大的收获，就是可以更加了解我们家庭中的每一个人。在旅行中大家都会展现出自己的长处和短处，大家都有很大改变。一次旅行过后，全家人都有很大的提升和改变。我感觉一起去外面旅行，最大的收获就是家庭更加团结、更加友好，每个人都在提升。

明小双校长：

最后一个问题是关于孩子的，以前我们一家人出去旅游，总想让孩子说说他的感悟，就是去了这个地方的感悟和收获。一开始我们家的小朋友看书挺多的，知道的也很多，但是他表达不出来，所以我们就想通过这种方式让孩子学会更多的表达，更好地表达自己。他现在读三年级，做语文题的时候，其他都不错，但阅读理解题老是做错，后来和语文老师聊，语文老师说他阅读理解不好，好多都是需要总结的那一类题特别不好。比如读完一段文章，让他总结他有什么收获和感悟。他老是总结不对，总结不出来，所以老扣分。后来语文老师说如果这一类不会做的话，在生活里多和孩子聊他的收获，让他多表达。我们就按照老师说的去做，比如我们看个电影，看完之后我和他爸爸先在那儿聊，聊看完之后有些什么样的感悟和收获，说完之后就问他有什么样的收获。他第一反应就说不知道，不知道这是不是他养成的反应，可能有点拒绝我们和他聊这一类的话题。针对这个问题，假如你是小朋友，你怎么想或者你对这个事怎么看？

李少乙：

针对这件事情，我个人看法就是从孩子角度出发，如果一家人一起出去玩，就纯粹为了玩的话，家长突然来一句：今天你有什么收获，有什么感想？我是百分百不愿意的，既然出来玩就要开开心心的，为什么要搞这种学习上的东西，你这些学习上的东西可以回家搞，为什么要在这里搞？我们出来玩，就不要搞这些学习上的东西，该学的时候就要学，该玩的时候就要玩。但是他有这方面想法也很好，小孩不是很喜欢在课堂中学这些，在生活点点滴滴中也可以学习，没必要一家人团聚的时候特意地搞这方面。这有点像是为了学习而旅游，而不是为了旅游。很多家长并不这样，他们觉得出去旅游就是为了学习更多的知识，给孩子更多的平台，让他感受不同的文化，这也是对的。但是这些并不是孩子所想的，如果在你和同学或者和家里人一起旅游的时候，突然有人给你打了个电话，让你去工作，让你给他们写一篇文稿，你肯定也不愿意。

明小双校长：

其实我们平常没有很刻意出去玩时，就一定要让他学点知识。我们就是想锻炼他的这种表达，活动结束之后，回家的路上、车上，我们就聊聊，可能他有点不太愿意说，也不知道是不是我们问得太多了，他就会有点拒绝。问他收获，他最开始是真的说不出来，包括他在语文卷子上呈现的也是这一类的总结题，他总结能力比较差。所以我们特别想锻炼他这方面。刚才你站在孩子的角度说这个问题，我刚刚一想，如果是我的话，可能也会拒绝。回家路上我玩累了，想休息一下，结果爸爸妈妈又要和我聊天，问我有什么收获、什么总结之类的，站在孩子的角度来说，那个时候确实不太愿意聊这些东西。

李少乙：

您不要太在意这方面，可以无意之间问他。你们玩着玩着，比如看个电影，看到一半，发现一个人做完一件事情，你问问他，如果换作是你，你觉得这样做好吗，这样做是不是对的。您给他看《1921》，你可以问他，当你被逮起来的时候，你会怎么办，就是无意间问一问，不要刻意地问。如果是看完这场电影，你有啥收获，给我们讲三点。这种就太刻意了。

明小双校长：

好的，谢谢少乙，我的问题问完了。

李绵军校长：

我觉得你们可以再探讨一个话题，今天的校长没有问到的问题，可以和少乙交流。因为少乙在小的时候在国内有旅游，也到国外看世界，对于他来讲，个人成长的收获是什么？比方说以少乙的视角，怎么样看待没有出国的孩子、看世界少的孩子？他看了很多以后，他的对比分析是什么？因为通过对比，能看出来他视野的开阔。这个目的就是希望校长们知道孩子看世界对他的成长有什么帮助。原来在美国的时候，李少乙的同学有巴西的、德国的等。我就和少乙说，你现在的话题就是南美、欧洲、日本。他的视野是全球化的，他的同学遍布在世界各地。我小时候在临沂，巴西是哪儿的，我不知道，德国是哪儿的，我也不知道。我没有这个概念，孩子去了这些地方，比如到了梵蒂冈的大教堂，到了罗马，等等，这些就进入他的世界了。少乙可以给大家分享一下这个话题，你看到这么多的东西之后，和没有看过的孩子，你觉得区别在哪里？或者说从你的角度里边，你认为你看完之后对你的成长是什么？我们为什么要倡导和鼓励孩子们看世界？你认为他们看了之后对他们人生的帮助是什么？少乙，你可以分享这个话题。

李少乙：

对于看世界对我的帮助，我也讲过，自己拓宽了眼界。最重要的一点还是为了以后的生活，我能认识到不同国家的同学，我去过他们的国家，我有很大的见识。在社交的过程中，我可以有更广阔的眼界。比如今天还有一个社交家来这里和我们对话，和我们新生代的人员对话，他讲了一点，我记忆很深刻。他说和别人打交道的时候，你和他之前共同去过一个什么样的地方，那是一个很好的社交方法。比如今天我和一位老师之前在一次会议期间见了一面，也没有说有太多的交集；但我们第二次见面的时候，面对那些新的成员，他是很陌生的，但是一见到我，他就在那儿和我招呼，微笑了一下，我认为这也是很好的社交办法。比如我遇到意大利或者罗马的同学的时候，我就可以说，我去过你们那里，或者我当时去过梵蒂冈，那里能看到你们的大教堂，这样就会产生很多这方面的话题。在之后交友的过程中，或者在社会中，这也能给我提供很多的资源和帮助，对于我来说是这样的。为什么提倡看世界、去旅游？体验不同国家的文化和文明，拓宽自己的眼界，为了以后的社交，或者为了以后的人脉，它都可以提供很好的伏笔。我认为是这样的。

李绵军校长：

还有点儿时间，咱们群里的校长还可以问少乙一些问题，想发言的还可以再提问。

张玉萍老师：

刚才一直在听少乙和各位校长的分享，感触比较深，长期以来，我都在跟着少乙，还有各位校长每天对话，每次都在听。今天晚上第一次我的大儿子和我一起在听。我和大儿子说，你可以和妈妈一起听一听。我和他说，少乙哥哥特别厉害，表达也特别好，我就让他跟着听。讲到第一个问题的时候，我大儿子就问，妈妈，你知道青春期是什么吗。我说我想听一听你对青春期的理解。他给我解释，他说青春期就是想做但是又做不好，心里还不服。他就这么和我说的，我觉得孩子确实长大了，有了自己的想法。以前，我很少和孩子有这样的对话。我问，你知道青春期是什么吗。在听的过程中，他告诉我青春期是这样的，我理解他的想法。另外，当我们看到少乙头像的时候，我不知道这个头像是谁，他一下子就说出这个头像是谁，他们差不多同龄的孩子还真的有共同语言，很容易就能看出头像是谁。我们家大儿子现在比较喜欢篮球，学习方面不是太好，我现在对他这方面没有施加太大的压力，就是让孩子发挥特长。我家大儿子现在心态比较好。这两天刚放了假，他就有一个计划，要和他的同学去北京玩几天，他自己坐火车，回来之后主动和我交流。其实原先的时候，我每次去个地方，就像前面一个校长那样问孩子，你告诉妈妈你的收获、你的感悟是什么，孩子很反感，但这次晚上我们在一起吃饭的时候，孩子就会主动告诉我北京之行最大的收获。他说他学会了自己坐火车、自己坐地铁，还有自己骑单车，和同学们一起去想玩的地方，所以有的时候我们可以放手让孩子做一些事情，而不是束缚住他们，认为孩子做不好、做不到，就管制他们。我就分享一下我这方面的收获吧。

冯谷怡校长：

今天晚上提问的环节结束了，接下来请各位校长进行总结。

农梅玲校长：

首先谢谢校长，谢谢少乙，通过今天的提问和对话，我自己感触挺深。第一，是我自己小时候的影响。其实我们已经做好计划了，但做好计划之后却没有照着自己的计划去执行，而是产生了过多的担心，在这个问题上我们要相信孩子，多鼓励孩子，相信孩子能独立。另外，我们担心的问题，不一定每天见面才是陪伴，孩子寄宿在学校，周末回来的时候，我们可以给孩子高质量的陪伴，这样胜过每天在一起。如果是走读生，每天放学回来，像我们比较忙的，也不一定每天都有时间真正地陪着，周末的高质量陪伴是非常好的。所以刚才少乙给我解析了这方面，让我自己突然间也领悟了很多，确实我们父母在这方面需要学习。第二，我自己需要和爱人之间多做一些沟通，我更倾向于忙碌的时候就忙工作，闲下来的时候就多陪陪孩子，带孩子出去走走，像刚才讲到的看世界或者去外面走走、看看。我不知道带孩子出去他能收获哪些东西，但是我坚信我带他出去和不出去肯定是有区别。我们有这个能力、有这个条件，能带孩子出去的都要带孩子出去，因为我们小时候没有这样的经历，我们现在进入神墨了，出去多一些，有很多的学习机会，我们自己也能感受到出去多和不出去是不一样的。在这个问题上，我需要和我爱人之间再做进一步的沟通，要把这些信息传达给他，也让他多听听我们今晚这样的对话，这样在这方面就能得到一个很好的改善了。今天晚上我收获真的是非常大。谢谢少乙，也谢谢李校长。我的总结完毕，谢谢。

吕瑞校长：

通过今天这样的交流，和少乙的对话，以及李校长给我的点拨、各位校长的探讨，我自己的收获还是挺大的。第一，一定要真正地带着孩子走出去。今天我还特别关注了上海迪士尼，在网上看迪士尼的信息。我内心有一种想法,如果在我们县城,穿上那些卡通的人物,真正地轰轰烈烈搞这样的一种渲染或者是活动,我想象的是非常美好的。其实我很期待真正地走进迪士尼,真正地看一看。但是我内心又有一个声音出现,这个声音就说宝宝太小了,等宝宝再大一点儿再带着孩子一起去。今天我的感受就是,当下时机是最好的,想到了就创造时间、创造条件,真正地去做。孩子这个年龄,每个年龄阶段不一样,带出去走走,他的成长或者收获是不同的。父母真正要扩大自己的眼界,同时要带领孩子多走出去。第二,无论我们是家长也好,或者老师、校长也好,更多的就是一定要学会内观,不断地成长自己,只有自己的视野足够开阔,内心或者脑海容纳的东西更多、装得更多、更加沉淀,我们才能够更好地给予孩子、给予团队,甚至给予学校。所以我们个人的成长也是非常关键的,也是非常重要的。第三,多和优秀的人、优秀的校长进行沟通和交流,结交更多非常卓越的人,交智者,多打开自己,多去说。当我们真正打开自己的时候,我相信内心收获也很多。不一定哪一句话或者某一个点就可以触发你的这种灵感,从而能够更好地成长和收获。今天的交流真的让我自己收获非常多。每一期,只要有时间我都会进去听。当然这一期,我一定是听得最认真的,所以时刻都要有这样的一种感觉,全身心地去投入。感谢木兰会,也特别感谢少乙,感谢李校长。我的总结就这些,谢谢大家。

邝纪平校长:

第一,今天最大的感悟和收获就是做好自己,要说到、做到,不为小事情焦虑。第二,规划好时间,不为自己没有做到的事情找理由。其实刚才少乙在分享的时候,说到每年小假、大假时,李校长就带他们出去到各个地方。李校长这么忙碌都能规划出时间带孩子们出去,我们就不要为自己没有做到找理由。第三,一定要感恩,遇见神墨这个平台,还要感恩遇见木兰会,让我们能有这样的机会和少乙对话,还有李校长更高的指导。这让自己对未来充满了希望,能够让自己的方向更清晰,知道如何引领孩子，让孩子格局更大，让旅行给孩子带来好处。这次咱们的主题就是让孩子走出去看世界，它能够给孩子带来新的收获，虽然它是看不见、摸不到的，但对他的成长是有帮助的。所以今天的收获是挺大的，非常感恩，感恩我们木兰会里的张桂珍校长给我搭建这个平台，谢谢我们神墨的大平台，感恩遇见，这是今天我的收获。

明小双校长：

非常感谢李校长、少乙，感谢冯校长，感谢能有这样的机会进行对话。之前我也参加过对话，和少乙和其他新生代的成员有过一对一的对话，觉得特别好。他们能站在孩子的角度，给我们回答这些问题；同时，他们也会用自己知道的这些东西，了解的这些东西、经历、经验，给我们分享哪种方法才会更好地和孩子一起解决这个问题，无论是我们每次对话，还是一对一的对话都能帮助我们。我刚才提的最后一个问题，总是觉得孩子可能有的时候不太愿意总结收获，刚才我听到张玉萍老师也在说，有时候出去想让孩子总结收获孩子却不愿意的时候，我在想原来不是我一个人是这样。后来通过少乙讲的，站在孩子的角度看这个问题，刚才我也在想，好像不是孩子不爱表达，可能真的是那个时候我们让他表达的时间或者方式不太对，或者不是他喜欢的，所以他那个时候不太想和我们说他的收获。当然少乙提出那个方法特别好，很多时候他还是特别爱向我们表达的。比如上次我和他爸爸在讨论工作的时候，他突然就会在旁边说一句，这个事情要这样要那样。如果是我的话，我会怎么样，他就会表达他的想法。有一次我对他说，我发现你有时候讲话真的特别好，让我很意外，比很多同龄的小朋友讲得都好。我说，要不我问你个问题，你来回答一下，我们一起来看看是不是这样的。之后我就随便想了一个工作上的问题，开玩笑地问他，比如 Lauren，他把英语课程的目标定的下学期是 3000，他要怎么样才能完成。我只是尝试着问他，他第一反应也说不知道。我说你想想，你回答得一般比其他小朋友更深刻。之后他就开始说，第一，目前在读的老生肯定是一个都不能少的。我说你这个回答太好了，很多小朋友都想不到这点。我问他，要完成这目标，你还有想法吗。他说外部的宣传肯定也不能少。我说你这两点说得非常好，团队里边的老师不能离职，我问为什么。他说如果离职了，那就算有3000人了，也没人去带。这是他回答的三个点，我觉得特别棒。刚才少乙说完之后，我就在想，很多时候我们说了要站在孩子的角度思考问题、为他考虑，但很多时候我们希望他某个地方有提升、有进步的时候，可能就太专注于想让孩子在我们想看到的地方提升进步了。其实很多时候孩子已经有很大的进步，只是我们可能没有看到，在那个时候，我们很少能够真正地站在孩子的角度考虑，他那个时候想不想和我们沟通，想不想在这个时间和我们表达这些东西。所以通过刚才少乙给我的回答，我觉得不要再去定义孩子不太爱表达、不会表达了，其实他还是很爱表达的。所以这个对话和我们平常的一对一的对话都特别有意义，包括我们根据实际的经验和经历给我们的一些回答，都能让我们有更好的反思。之后我们知道应该怎样与孩子沟通交流和孩子解决问题了。非常感谢大家，谢谢。

张玉萍老师：

今天晚上最大的收获有两点。第一，要给孩子树立一个心中的榜样，这个榜样或者偶像可以是名人、大师。在这个过程中，就像今天晚上，我和儿子第一次听和少乙的对话，我家儿子眼睛突然一亮。他觉得这个16岁的大哥哥，无论是语言表达能力、逻辑思维能力，还是见识方面都这么厉害，他也要想成为哥哥这样的人，这样他一步一步地离自己的目标会更近，也就是说要小步慢行。所以第一要给孩子树立一个榜样，这个榜样可以像少乙这样的，孩子会认为，我要努力的话，就会成为少乙哥哥这样的一个孩子。第二，家长应该不遗余力地支持、帮助孩子成为更好的自己。我们要发现孩子身上的闪光点，当孩子有想法时，有的家长会条件反射地认为这不行、那不行。这个时候，我们更多的是要倾听孩子内心真实的声音，让他先说出自己的想法，如果可行，我们家长就要支持他去做；如果不可行，我们可以拿出更好的建议帮助孩子。我就这两点收获，谢谢大家。

李少乙：

听了大家今天问我的问题和刚才的总结，我今天也收获到了很多，更加了解关于看世界、看未来，还有外面旅游所带给自己的收获。之前我也从来没有这样刻意地想过，今天也是给了我一个重新认知的机会。第二点也是很多校长问我关于孩子的问题，其实也给我挺多启发的，为什么现在的孩子老是有这样的习惯或者这样的兴趣，也重新给我和他们进行一些链接。比如有很多校长、孩子在听，我坚持做他们的榜样，让他们看到所有人都在进步，让他们知道自己爸爸妈妈也在里面听，也在不断地进步，也能给他们做一个好的榜样。最后一点是感谢所有校长对我的支持，因为现在已经是第七期对话，还有这么多校长一直在关注我的这项活动，挺感谢的，也挺感激的。这里，再次感谢李校长与所有在场和我对话的嘉宾，还有听众。

李绵军校长：

我最后再说一点，孩子的教育是不可逆的。孩子在小的时候，父母多带他出去看世界，国内也好，国外也好，对孩子的成长帮助是非常大的。因为大家在这方面相对做得少，所以你的感受就少，有些事情我们没有经历，我们就不知道。在教育孩子这方面，很多地方我做得也不好，和大家是一样的，但是我非常幸运，我值得骄傲的、做对的一个方面就是带着孩子看世界，这方面孩子是深深受益的。大家觉得少元、少乙比较优秀，其中最大的原因就是他们了解世界，要归功于这个原因。因为它是潜移默化影响的，所以大家一定要重视这方面。如果在孩子教育上，我们不要光想堵漏洞、解决问题，更应该用迭代的方法、用优秀的方法，好的东西出来了，那些不足自然就没了。所以父母应该用优秀的做法，其中看世界，我认为是最好的方法，希望校长们重视。下周三咱们继续对话的内容，探讨家长在呵斥、批评、打骂孩子过程中孩子的内在心声。下周咱们再见。

冯谷怡校长：

感谢校长的解答和指导，感谢少乙的分享，感谢大家的聆听，下周三再见。

在亲子关系、家庭关系中，父母与孩子相处最多，从婴幼儿到成年，父母的一言一行都被孩子观摩。父母的思想和教育观念深深影响着孩子，在家庭里很多父母和孩子会有矛盾，有的家长甚至呵斥自己的孩子，给孩子造成很大的心理压力。所以，孩子的健康成长需要父母自我提升，多了解孩子、鼓励孩子、赞美孩子，与孩子一起成长。

第八期　被父母呵斥时孩子的内在心声

李绵军校长：

各位校长，大家好，这期《对话少年》还是李少乙和各位校长探讨孩子心声的话题。这次我们探讨的主题是父母在呵斥、训斥、抱怨、打骂孩子的过程中孩子内心的感受。应该说，这些问题是不可避免的，父母在面对孩子时都会有这样的现象。

今天我们和少乙谈这个话题，大家听听从孩子的视角里，孩子们被呵斥、要求、吓唬的过程中，他们的内心感受是什么。这样在听完之后我们就能够反观自己，在面对孩子的时候可以做些调整。可能有些校长的孩子已经长大，还有的可能已经过了这个时期，不可能再呵斥了。如果我们曾经有这样的现象，无论孩子多大，我们可以面对孩子真诚地说声对不起，对过去家长有这样的行为说声抱歉，这样可以和孩子有非常好的亲子关系修复的机会。接下来就由李少乙和大家直接进行对话。

李少乙：

大家好，我是李少乙，是神墨新生代成员之一，现在 16 岁，马上要读北京的一所国际高中。因为 2020 年疫情，我从美国东部回来，这次决定在北京上学，不去国外读书了。今天是我第八次在神墨心声的对话。流程大家也都很熟悉，我不再做更多的自我介绍了。在后面的时候，我会多说些自己的经历。邀请第一位嘉宾开始对话。

刘金凤校长：

李校长好，少乙好，各位对话的校长，你们好。今天晚上对话提问的顺序是张入鉴校长、詹惠玲校长、陈月英校长、刘学校长。下面请广西的张入鉴校长提问。

张入鉴校长：

少乙好，所有的校长，你们好。当我看到今天这个主题的时候，我是有很多思考的。我个人认为每个孩子的性格不同。有的孩子是蓝色性格，有的孩子是黄色性格，有的孩子是红色性格。他们在面对爸爸妈妈呵斥行为的时候，可能会有不同的反应。

　　在我们新生代的团体里，相对来说少乙的年龄更小。我思考的是当孩子面对父母呵斥的时候，在不同的年龄段会有什么样特点。比如，少乙，你在 10 岁之前这个年龄段的时候，面对爸爸妈妈的呵斥会有怎样的特点？你从 10 岁至 14 岁这个年龄段，面对爸爸妈妈的呵斥，你内心又是什么样的感受？当你在十四五岁以后青春期的时候，面对爸爸妈妈的呵斥，你又有什么样的情绪感受和应对、面对的方式方法？不同的性格特点是一方面，不同年龄段可能也会有不同年龄段的特点。就你自己本人来说，哪些方面是有共性的？ 10 岁之前这个年龄段孩子是什么样子的？ 10 岁之后的状态呢？对于这些我是比较好奇的，因为特别像少乙，你接触那么多同龄人，这方面有没有共性的东西或者个性的地方？请分享一下，少乙。

李少乙：

　　关于这个问题，刚才有一点讲得很对，就是每个孩子被呵斥的时候，情况是不一样的。我从客观的角度来回答，就是在 10 岁之前，大部分的孩子如何接受或者看待被呵斥、被训斥这样的过程。其实在 10 岁之前，孩子内心不够成熟，或者自己还不是很懂事，那个时候可能会和父母吵架。说实话，父母训斥，我选择的是回击，可能其他孩子会选择隐忍，但是我在 10 岁之前更多的选择是反击，我不太喜欢把气憋在心里或隐藏起来。每次遇到不开心或者父母训斥我的时候，我会选择回击。其实也有共性的，大部分的孩子在 10 岁之前都不太懂事，年少轻狂，那个时候不太懂，心智也不成熟，大部分孩子遇到这种事情都会选择回击，这也是很正常的。毕竟还是孩子，像今天所有在场的嘉宾，大家也都是从这个年纪走过来的，肯定也被父母训斥过，自己知道是什么滋味，毕竟年少轻狂不懂事，在那个年龄段有这种冲突是很正常的。

　　孩子在 14 岁往后进入青春期，心智更加成熟了，也更加理解父母了。可能这个时候有的孩子会爆发得更多，大部分的原因是他们在小时候（可能 10 到 14 岁或者 10 岁以前）被父母批评、训斥时，没有选择把情绪发泄出来，他们选择隐藏、隐瞒。然而在青春期，他们就选择爆发。他们把怨气藏在心里，总有一天要发出去，而到了青春期，自己长高了，也成熟了，感觉自己已经进入社会了，不管是谁，他都不服气，把小时候父母对自己撒过的气全部返还回去，也有可能更加恶劣地做出疯狂的事情，对父母或者对自己都有可能。

我就不列举了。具体在青春期之后有没有共性，则源于父母和孩子的关系，这有很大的关联。如果父母和孩子的关系非常好，孩子到了青春期被训斥、被批评的时候，他们不会有太大的反应。毕竟他们了解父母、理解父母，他们并不会都回击，但是有些孩子，就像刚才我讲的一样，他们在小的时候老被父母骂，不敢回击了，到了青春期他们长高了就开始回击，有这样爆发的过程，这也很正常，两者都没有错。父母训斥孩子，肯定是让孩子好的，孩子做出回应也是宣泄自己内心的不满。这两者没有错误，最主要的是你怎么看待这件事情。

张入鉴校长：

刚才你说得非常好，在 10 岁至 14 岁这个时间段，爸爸妈妈的批评会导致很多孩子隐藏、压抑自己的情绪，14 岁以后青春期就会爆发，就会引发很多亲子关系的矛盾。现在我们以 12 岁作为分水岭，因为 12 岁基本上是小升初的阶段。如果让你给爸爸妈妈一个建议，你会给 12 岁之前小学这个阶段孩子的爸爸妈妈什么样的建议？给今天所有线上这些家里有 12 岁之前孩子的爸爸妈妈，给这些家长、校长、老师哪些建议？爸爸妈妈怎么样和孩子建立好关系，以避免他们到初中以后关系破裂，矛盾爆发或者升级？如果孩子在小学的时候，父母亲做得比较好的话，进入初中以后，矛盾相对来说会减少或者淡化。这里能给两个阶段的父母什么样的建议呢？让今天在场的爸爸妈妈通过做些什么来促进亲子关系的和谐呢？

李少乙：

对于这个问题，说实话，我感触最深的就是当父母和孩子产生不公平，两者之间产生一边比另一边地位高的时候，不论什么时候，这都是不恰当的。毕竟大家都是人，父母没有权利完全把孩子给压死。刚开始可能父母在家里地位非常高，一定要把孩子压死，但后面父母慢慢学会了尊重孩子，可能也是成长的缘故，他们慢慢给孩子提供公平的桥梁，让双方互相尊重，才有了更好的沟通。所以给我们现在在场的所有嘉宾建议，我是没有这个资格的，但我能提供一些孩子心里想让父母做的事情。比如我自己12岁之前，我更希望的是家长多倾听我的感受，多让我做我想做的事情。有的孩子喜欢课外课，喜欢打篮球，父母可能认为打篮球以后没有出息，赚不了钱，读不了大学，完全就是浪费时间，要把篮球从孩子生命中摘除掉，让孩子学习语文、数学、英语。大部分家长是这样做的，在孩子小的时候，不考虑孩子的内心想法，完全依靠内心认为正确的事情来安排孩子。所以我要讲的第一点，12岁之前的孩子对家长的一些看法，父母应该多让他们做他们喜欢做的事情，他们知道自己以后要成为什么样的人，家长根本不用操心。之前李校长对我的教育也比较严格、比较苛刻，他想让我活成第二个李校长，但我不想，我为什么要走他原来的路？我叫李少乙，他叫李绵军，我为什么要成为李绵军呢？这两者没有任何的关联，虽然我是他的儿子，我可以借鉴，但是我没必要完全重复他走过的路，反而我还要超越，青出于蓝而胜于蓝，我要做我自己想做的、超越他，一代比一代强。这是我个人对有12岁之前孩子的家庭所提出的小建议，父母要多聆听孩子内心，不要乱做决定。父母做决定可以，建议也很好，但是需要孩子的认可和尊重。对于12岁以后，其实家长在孩子12岁之前做到了我刚才所讲的几点，12岁以后就可以完全放手了，孩子已经有了很高的自主性，他已经知道自己以后的人生，该活成一个什么样的人。

如果孩子很小就被父母培养出独立自主性格或者品格的时候，他们肯定知道自己未来想做什么，父母完全不需要管。但是现在有些家长在孩子12岁之前没有做得很好，导致孩子在12岁之后，在青春期进行了大爆发，和父母成了敌对关系。这方面我了解得并不多，但是我作为一位客观的青少年，我可以讲出内心的想法。

大家看我们家庭这么好，家庭和谐，夫妻和谐，亲子关系好，但遇到冲突时，我们和所有普通家庭一样会争吵、暴怒。我们的家庭可能做得比其他家庭稍微好些，就是我们全家人都会互相尊重、倾听，表达出自己的观点。有时候遇到什么事，两者吵起来没完没了，或冷战了，解决冷战最好的方法就是和解。对于这方面，说实话我了解不多，如果非要我提，我认为还是和以前讲的一样，即使孩子小的时候没有培养好平等尊重的关系，但是长大后这个关系可以弥补，父母可以慢慢地通过家庭或者生活中的小事情和孩子搞好关系。

每天吃饭的时候，父母可以和他聊聊天，聊聊他感兴趣的话题。比如孩子想打篮球，但是又不想和父母沟通，父母也不知道孩子喜欢什么，父母就可以尝试着了解一下篮球。吃饭的时候或者看电视的时候，父母可以问，你喜欢哪个篮球球星，为什么喜欢他，他现在在哪个队。我认为这些都是孩子特别喜欢听到的。他们知道父母了解他们了，知道他们喜欢什么了，而且认可他们了。对青春期的孩子来说，最重要的就是我的感觉，不要小看生活中这种小事情，其实对孩子的鼓励是很大的，得到了家长的认可比得到那些外界老师认可要强很多，强几十倍。我大概就提这些建议，我不能完全按照家长的观念来讲，我只能以一位客观的青少年的观点来讲。

张入鉴校长：

谢谢，非常好。我能够感受到16岁少年对于这样问题的见解。第一，我感受到你有一定的高度和深度，你会看到自己要活出自己的样子。你也能够看到很多父母亲希望孩子活成父母亲希望的样子，这一点你看得很深。

第二，你说到倾听、公平、尊重，这个就相当于亲子关系中的一个基石，我个人认为，的确是核心。另外，我认为你对亲子的冲突看得很客观，特别好。这是很多少年，包括很多成人都应该看到的问题，因为很多人不希望有冲突，怕有冲突。当出现问题、出现状况，大家要互相尊重、倾听，或者未来不停地弥补。你能够从人生的长河看这个问题，以一个时间线看这个问题，作为16岁的少年来说特别好；同时，这也给我很多思考和见解。非常感谢少乙，未来可期。我今天的提问就到这里，我自己也有很多收获。谢谢大家，谢谢少乙。

刘金凤校长：

李校长，您还有需要补充的吗？

李绵军校长：

张老师和少乙的对话特别好。在张老师和少乙的对话中，她的对话技巧很特别，是各位校长们可以学习的，她是有很多技巧的，还有互动，都特别好，这是我的感受。

詹惠玲校长：

李少乙同学，李校长，还有各位校长们，大家晚上好。今天下午刘金凤校长和我说有对话，我认为我很需要参加对话并提问，时间比较紧，所以准备得比较仓促。近期，对于神墨新的内容活动，我了解得比较少。对孩子的陪伴、家庭的需求，我在这方面很需要帮助。今天晚上我没做太多准备，刚才听了张老师和李少乙的对话，我有很大的感触，就好像我在回忆我和我儿子之前的事情，他还没进入青春期时的那种感受，我也在感受着，而且我今天听了之后有更多的感触——要倾听他的心声。今天面对这个问题，我想问一下关于理解、关爱的问题，作为父母要如何正确处理。比如我孩子已经16岁，刚好这两年正处于青春期，他老是和我们唱反调，或者有时候你很难懂他，他不一定能愿意出来。孩子在青春期的时候，我是理解他的，但是我又觉得溺爱他了。他的所作所为，我会顺着他，但又很担心会对他不利。他现在也会出现矛盾状态。就这两个话题，我想问少乙同学。

李少乙：

有没有什么案例给我讲讲，我听听。

詹惠玲校长：

比如，孩子在去年疫情过后，没有去学校读书，开始休学。在休学的过程中，他突然就变得非常压抑，他的状态、心情，还有性格，突然就改变了。开始的时候，我们感觉莫名其妙，后来慢慢懂他、理解他，发现这是他的思想问题。他自己在矛盾的过程中思想突然波动。我们理解他的时候，他反而像球一样越弹越高，我又担心他走偏。

李少乙：

我大概了解了。这方面的经历我也有，而且很相似。疫情防控期间在家停学，我去年 5 月从美国回来之后，这边直接就连着暑假一起放了。那个时候我们选择在北京上一年网课，不去美国了，因为那边疫情严重，而且有暴乱，挺吓人的。所以当时我们家选择让我在北京读书，读一年网课，和你的孩子情况非常相似。这段时间，我的父母认为我的情绪或者性格变化挺大的，在上网课这段时间，因为无聊，白天也找不到同学，之前的同学都要上学，我在家里晚上上课，白天睡觉睡到中午，可能父母很担心，告诉我这样对身体不好，对心灵也不好，对我产生了担心和不满。实际上，这方面詹老师做得特别好的一点就是你理解了自己的孩子，认可了他。我父母在这段时间也和我讲过、讨论过时间问题，这段时间应该怎样安排，怎样合理规划。每次谈论的时候，自己和父母都带有很大情绪。我们爆发冲突的时候，就是在讨论到底应不应该找个学上，或者应不应该规划自己的时间安排。但我个人认为没必要特别担心孩子。目前你家小孩 16 岁，也长大了。有些事情他自己能懂，以后自己要做什么，如果一直这样肯定会把自己的人生给耗费了。最开始，我上网课的时候还是挺期待的，因为每天不用上学，大概两个月以后，这种新鲜感和期待感就变成了厌恶感。我每天只能在家待着，这种感觉一直持续了很久才消失。这种太无聊的生活，对于自己来说有很大的伤害，毕竟接触的人不多，也没有办法与学校的老师和同学一起学习。总而言之，我感觉生活中缺乏校园的感觉，其实自己情绪波动也挺大的。但自从我们加入新生代的活动后，这些父母就不太担心了，毕竟父母知道，我已经到一定的年龄，自己想做什么，心里肯定也有数，不可能就这样荒废自己的人生。詹老师这方面的问题，溺爱、过度的理解，可能会有。但是如果孩子能够自己规划好自己的人生，父母相信他们，这种溺爱就不存在，更多的是一种支持，把这种力量和能量转化成支持和鼓励，我认为父母就不会有这方面的担心了。

詹惠玲校长：

谢谢李少乙同学对我这个话题的分析，听完之后我的内心产生一种愉悦感，可以给我自己力量，因为我从去年到现在很担心他中考等种种情况，对于孩子突然不去学校那种问题我不知道怎么解决。现在的学校，除非是技校，其他的都必须按照分数，如果你没有考，学校也不会给你入学资格，那时候我也被老师搞得非常紧张。这一年多的陪伴过程中，我感受到一个青春期的孩子的状态，在我们那个时代，我们在青春期是没有这种感受的，我们只知道要干活，有口饭吃就好了。这个时代的孩子懂得很多，但他在青春期的时候不一定能够说出来，我们如果不去懂他，和他链接不上，他在最需要的时候，他的内心会特别没有安全感，会有一种走不出来的感觉，所以需要大人理解他，或者让他多接触同伴。今天晚上我听完这些话，我有了很大的力量。还有一个问题，关于我孩子现状的问题。比如从去年开始他失去很多同伴，不愿意再和他们一起玩，他会选择弹钢琴或者画画、写字等，运动类的、情商方面还需要多一点儿交流，他自己一个人经常会钻研一些事情。这样会不会影响他的情商呢？我想问少乙。

李少乙：

其实父母对这方面不用太过担心，他选择弹钢琴、写字、画画，没有选择运动，或者和朋友交往，这很正常。你的孩子可能就适合一个人独处，或者一个人做些事情，也可能他觉得那段时间太无聊，比如疫情防控期间，毕竟他没有办法和朋友互动，他就选择在家弹钢琴。我认为这方面的担心是没必要的，毕竟每个孩子都是一个独立的个体，没有必要强行让他成为一个怎样的人。这方面还得让他自己慢慢地感受和感悟。

詹惠玲校长：

我的想法就是让他做自己想要做的事情。

去年，我们带他看了心理医生，心理医生说他抑郁了，其实不说话不能代表抑郁，所以我心里很矛盾，是不是要按心理医生所说的办。他认为自己的事情应该自己做主，自己喜欢什么就做什么。我们大人有时候真的很难和他沟通，很难了解他的想法，他只按照自己的思维、按照自己的行动方向进行。所以心理医生说，他有这种趋向，要对他进行各方面的心理辅导，我心里很矛盾，他也不愿意看心理医生。

李少乙：

说实话，心理医生检测说他有抑郁倾向，我感觉就算抑郁了，抑郁也不是完全不对。可能有些人就是适合独处，毕竟他喜欢自己的事情。他这不算抑郁，只能说他的个性可能就是这样，不喜欢和别人交往，自己一个人来往，感觉这样挺好。像心理医生说的，他给的可能是学习方面的参考，更多的来自孩子自己内心的想象。如果你强行给他贴标签，告诉他抑郁了，一直这样说，说多了，他有一天肯定会抑郁，是真正意义上的抑郁。如果心理医生说你的孩子抑郁，但是你们还是以积极向上并且用阳光的态度看待他，他肯定不会抑郁。即便他抑郁了，他也会从这段时光走出来。个人感觉是这样，如果你们强行给他贴上这样的标签，并非常重视这件事情，那么时间久了，他自己慢慢懂了，肯定会成为这样的一个人。

詹惠玲校长：

最后一个问题，我的孩子现在经常钻研名人，比如他想了解的一些事项、一些书籍，他一定要买，而且要看完才睡觉、吃饭等。我看他有时候做事情有一种强迫执着，精神有点过头，对身体各方面都会有影响。在这方面，我作为父母怎么样引导他会比较好？

李少乙：

这方面，父母可以正确地开导，如果他追星或者追一些名人到了比较疯狂的程度，个人感觉还是需要注意，毕竟他这样追名人对他身体是不好的。其实追星不是完全的错误，但是为了追星而追星，导致自己生命中只有这件事情可以做，这是很不好的情况。也有可能我的判断是错误的，可能在我们眼中，在你们眼中，他追星就是当娱乐的。他如果真的为了追星而追星，生命中只有这样一件事情的话，那父母一定要正确地开导他。

詹惠玲校长：

我看他主要看的是凡·高、爱因斯坦、爱迪生、齐白石等名人相关的作品，会特别感受他们的精神，同时他又会把这种精神注入里面，他年龄又那么小。我不想打扰他，即使想劝解他，他也听不进去，反而他静下心的时候，他能够听。当他捧起那本书，想了解凡·高一生是怎么过来的，或者齐白石、爱因斯坦这些名人是怎么过来的，他好像有点执着，自己也想成为那种，我就很纳闷儿、不理解了。他有这种精神、这种理念，他不是在追歌星或者演员。在这种情况下，他不想读书了，觉得在学校里读书没意思。

李少乙：

如果他喜欢这些名人画作或者这方面的精神，我认为这是很可贵的。他会花大量的时间钻研他们喜欢做的事情。他们追求这种艺术作品时，如果没有追求到一定的成果，他们是不可能放手的。据我对这些艺术家的了解，他们很多人都是一天不睡觉、不吃饭去做一幅艺术品，这都是很正常的事情。你的孩子这种事情，我觉得很正常，他有时候钻研一幅画或者一本书拔不出来，也很正常。你没有必要打断他，那可能会导致他有一些强制性的反抗。但是也像刚才你说的，等他冷静下来之后，他也会想到如果父母给的建议是对的，你就可以正式地开导他，告诉他："我们从来不反对你研究他们这些作品，但是一定要在自己身体健康和时间允许的状况下，我们是完全支持的。"我是这样看待的。

詹惠玲校长：

当他明白清醒的时候，他都懂，当他走进那种感觉的时候，他忘了自己，所以他过早这样的话，对学业肯定会有影响。本来他可以考更好的学校，进入更好的环境。今年 4 月 3 日他没有休息好，导致头晕，我们让他休息，之后他就说不去上学了，到 6 月 26 日、27 日、28 日考试。那段时间我很担心，如果再不考，怎样去你选择的高中读书，这些事情真的还是已经有点过了。孩子的选择，父母真的需要支持他、尊重他的喜好，对他的身心都需要懂他，了解他。他青春期的成长，也是我们作为父母的成长。这些都可以理解，但是我认为孩子在这方面，不愿意接受外界的引导，就是自己琢磨、思考导致的，确实这一年多时间对他的升学、身体都会有影响。目前来说，因为他现在已经考完了，已经有目标，当下已经知道在哪所学校了，我们对他又放心了很多。所以我想问的是，爸爸妈妈有时候对他的看法、方向与他的不一样的时候，导致孩子现在的这种状况，妈妈要如何更好地看待这件事？我觉得这也是我要修炼的地方。现在目前来说，我个人不愿意看到孩子太痴迷，我真的很担忧。

李少乙：

对于这点，我谈谈我的个人观点。不是每个人都必须上学，也没有人定义上学、考学是唯一成功的出路。像这些艺术家、画家，他们沉浸于一幅作品无法出来，他们到达了一个巅峰、无止境的境界，其他的都不需要了。也没有哪条规定，只有上学，考上清华、北大，我们才是成功。有些人即使考清华、北大之后，依旧很迷茫，不知道人生是什么，可能他们人生过得很自在、很舒服。不知道自己真正想做什么的人有太多了。李校长今天和我们讲过，现在的学习方式很多，大家可以通过很多方式进行学习、进行提升，考大学不是唯一的出路。像你的孩子，就很喜欢钻研，他知道人生要做什么，他知道自己以后可能要当艺术家。他知道自己的方向是什么，他就会为了这个方向努力，成为这样的人，成为像凡·高这样的人。他有了这样的榜样，有了自己喜欢做的事情，在奋斗的时候，他内心是有愉悦感的。但是家长逼着他考清华、北大，让他考研究生，出国留学，回来之后当经理等，这些可能都不是他想要的。虽然这可能对他人生有好处，他以后可能赚很多钱，能买房、买车，以后会过得很富有，但内心是不开心的。人成功之后，可能做的事情并不是自己真正想做。所以我给大家提的观点是，考大学、研究生、留学，这些并不是唯一的出路。现在的科技或者现在的社会已经很多元化，有很多学习方式，都可以成功。家长对孩子的看法和观点会影响他们的人生。可能现在的家长都普遍都给学生施加压力，让孩子考学，导致孩子的兴趣、目标都丧失了。即使孩子考了很好的学校，以后做的事也不是他真正想做的事情。我就这两个观点，剩下的请李校长补充。

李绵军校长：

刚才詹校长这个话题，你们互动得非常好，我对你这个孩子了解一点点，你也和我说过，今天说的这些信息就比较全面了，我知道你这孩子的状况。李少乙的观点，我完全赞同。Lilly 教授面对的就是特殊儿童、特殊的孩子，也包括大人，她是世界语言学会的会长。世界语言学会的会长的工作主要是沟通，比如你的孩子典型的就是沟通不畅，Lilly 教授的研究内容就是让不愿意说话的人说话。不愿意说话的人一定是有原因的，你的孩子这些行为表现一定是有原因的。如果你读懂了孩子的内心世界，这个问题就会迎刃而解。其中有一个理论是 Lilly 教授多年前给我讲过的，有

68.5% 的人是在中间的，叫大众化的人，我们在中间都属于大众化的人。两边各有 15% 点多，靠一边的那种确实是有问题的，生活不能自理的，这一类人占了将近 16%。另外一边的叫超级天才，也接近 16%，你的孩子不属于大众化的孩子，他属于超级天才。像爱因斯坦也好，牛顿也好，大家所熟悉的世界伟大的人物都是那种超级天才，你的孩子就属于这种。如果孩子属于这种，你用大众的方式对你的孩子，你一定是碰壁的。

其中你讲了一句话，不希望他太过，你不希望你的孩子从大众化的人里边脱颖而出，你用世俗人的眼光觉得他不正常。实际上他不是不正常，他就是一个体系里面的人，我们可以用大众化和非大众化比较。如果用一般普通人的标准，他是不正常的，实际上他是超级天才。像这样的孩子，你怎么面对他？你讲了你的孩子说学校那些东西没意思，因为那些东西太简单，对他来讲毫无意思。而且你的孩子对于上一般的大学、商业成功没有兴趣。在他内心的世界，爱因斯坦、张大千这样世界名人是他的同伴，你想你孩子的格局多高、境界多高。他看到这样的人是他的伙伴、是他的同学。你的孩子的内心世界里，他追求的榜样的层次是相当高的，你让他学物理、化学，考 100 分，最后读名校，他根本就看不上眼。这个东西太简单了，他不走这条路，他的内心世界是很高的。比如他读一本书的时候，他都处于无我的状态、忘我的境界，你看这个境界是多么高。但是我们从大众的角度来看，觉得这个孩子不正常，有点失常了，他和别人不一样。你的问题就出现在你的孩子和别人的孩子不一样。你的孩子就是和别人的孩子不一样，他是天才，他很特别。你得让他按他的生活方式生活，你要接纳他的方式，什么时候你接纳了，你的孩子就正常了。你一天不接纳，你的孩子就难过一天。实际上，90% 的压力来自你，不在于他，他自己非常快乐、非常愉悦，他只要按他自己的方式来生活。还有一点，孩子到底该不该上大学？为什么我们拼命地要让孩子上大学？实际上，这种观点是病态的。如果我们一定要让孩子读好的大学，一定读名校，这是有问题的。

德国和美国的入大学率非常高，即使这样，也没有超过60%，就是有40%以上的人是读不了大学的，而其他国家50%以上的人都读不了大学。中国能读大学的可能也只有40%左右，60%左右是读不了大学的，他们就读技校或早早地工作了。

我们为什么这么拼命地考大学呢？是因为我们小时候，孩子要么当兵，要么接班，要么考大学。我们有强大的种子，我们的种子就是"当兵、接班、读大学才能有出路，否则人的前途就完了"，用心智沟通的说法，这就是我们的种子，这个种子在控制着我们。而你的孩子即使不上大学，完全可以活得很精彩。你本人也是初中毕业之后没读大学，不也当了神墨的优秀校长吗？你的人生也很精彩。你老公也没读大学，不也成了画家，活得也很精彩吗？为什么非得让孩子读大学呢？所以这是我们的模式。

我再给你举个例子，我有一位非常好的朋友，是国学家，叫顾建华，他给神墨校长讲过几次课，给神墨的新生代也讲过课。他有两个孩子，一个16岁，一个14岁，这两个孩子从幼儿园毕业之后就没上过学，幼儿园还是他老婆办的幼儿园，办的国学幼儿园，所以这两个孩子上了私塾班。他这个人是不是很愚昧呢？当然不是，他的老婆是北京师范大学教育学博士。他是中国关心下一代工作委员会一个课题组的负责人，同时还是教育部某单位的负责人。他在全国到处讲课，他给谁讲课？他给全国的教育局局长讲课，给全国的校长讲课。你看他的思想多么先进。孩子并不一定非得按上小学、初中、高中这个体系来。我这个朋友的孩子上了私塾，是一个什么样的人教？是一个出家师父在那儿教，就一个老师，带了80个孩子。这些孩子住校，一年回家不了几次，连教都不教，孩子全部是自学。

这些孩子懂得非常多，有的研究这，有的研究那，水平都很高。用顾老师的理论来讲，只有这样的孩子才能成为大师，才能培养成大师，我认为他讲的是有道理的。如果完全按公立学校这个体系，未必能培养出大师。我们必须支持孩子发展天性，孩子有什么想法，有创造力，我们就鼓励他，支持他做想的事情。实际上，他内在的天性释放了，他就成才了。你的孩子喜欢这些著名作家，喜欢读书，多么好，非常厉害，你需要转变观念。Lilly 教授给你的观点是：他想做什么就做什么，不一定非得读高中、大学。

如果我是你孩子的家长，让我来看，这个孩子是天才，没必要读高中，没必要读大学，他自学就可以了。现在信息这么发达，为什么非得按那一个逻辑？

詹惠玲校长：

李校长，我打断一下，他就是这样说的，自学就好了，很多东西完全可以自己思考的。他说的时候，我们没办法接受。

李绵军校长：

你的孩子完全明白，他非常懂，他什么都知道，他看待你的时候反而像一个大人看孩子，他很无奈，就相当于我们看孩子 5 岁的时候觉得孩子不听父母的话，现在他看待你，你相当于 5 岁的孩子，他觉得你根本不理解他。为什么你和他对话会出现这种状况？是因为你没有进入他的世界，就是人和人之间沟通、家长和孩子沟通时，家长没有进入孩子的世界。你用家长的方式和孩子对话，孩子当然不和你说话。我们和员工如果沟通不畅，我们的沟通也是在校长的世界里，这样和员工谈话肯定是不畅的。你没有进入你孩子的世界，你的孩子怎么能给你回应呢？如果 30 岁的人和 3 岁的孩子谈结婚、生子、谈恋爱，3 岁的孩子感兴趣吗？他不感兴趣，他的世界里就是一块糖。你孩子的世界里实际上就是爱因斯坦这些人。你如果和他谈爱因斯坦，你进入他的世界，他读的书你研究，他就有话说了。

你和你孩子建立关系的方法，首先，你得接纳这个孩子，你得接纳他的一切行为，孩子没必要读大学，而且你知道你家孩子是天才，他非常厉害，你要相信这一点。其次，你接纳了他后，你再让他锻炼身体的时候，他会听你的。如果你现在什么都控制着他，他想学这个你不让他学，想学那个你也不让他学，他躲着你还来不及，还怎么和你沟通？实际上你的焦点只有一个，就是在饮食、锻炼身体上，你要帮他。帮他的前提就是你得接纳他，你接纳了他，他就接纳你，他接纳了你之后，他就接纳你的建议，他喜欢的东西你了解，你再和他讨论，他就开始和你探讨了。从这个角度，你的孩子就应该能打通了。你孩子想做什么，你应该支持他，由着他就一定是正确的。就按这个方案走，孩子没必要非得考大学，非得读名校。

詹惠玲校长：

好的，李校长，我听懂了。今年 7 月放假这 10 多天来，我确实感受到孩子的内心是这样。我们彼此之间是链接上了一点点，尤其今天晚上讲完之后，对我的启发很大。对孩子的一些想法，我不只是要接纳他，而且要尽心地思考、反思。非常感谢李校长，还有李少乙同学对我孩子问题的一些解答。谢谢。

李绵军校长：

还有一件事情，你的孩子被诊断是抑郁症，应该不准确，抑郁症都是因为自私自利引起的，你的孩子很有大爱、很善良，他不属于那种。在某种意义上，用国内的话说他有自闭症的倾向，但是这个自闭症是中国人定义的，实际上在国外它不叫自闭症，而叫自我症。所谓的自我症就是活在自己世界里的人。他就是这种活法。他就是正常的人，只是我们和他不一样而已。所以在这个点上，你要接纳你的孩子，他是活在自我世界的人，这种人都是非常厉害的。

詹惠玲校长：

李校长，因为学校需要看这些，他看完之后不吃药，他自己很清楚，但是别人不懂他，所以导致他这一年走过来很痛苦，有时候情绪就不好。

李绵军校长：

他没有病，是所有人不理解他，认为他不正常，实际上人家很正常。教授治疗自闭症，根本就不治孩子，都是从家长入手。什么时候把家长治好了，家长接纳孩子了，孩子就正常了。所谓的正常就是允许他做他自己。

如果家长非得用一个标准套这个孩子，那么孩子会活得太辛苦；家长不用自己的标准要求孩子的时候，孩子会按自己的生活方式生活，他会很快乐。在这点上，你一定要支持你的孩子，你变了之后，你的孩子会完全不一样。你想给他提建议锻炼身体，他就会听的。至于他读书的时候废寝忘食，那种状态多好，那是一种无我的境界。我们想达到都达不到，你应该鼓励他，那个时候不要打扰他，多调整自己。

詹惠玲校长：

好的，谢谢李校长。

刘金凤校长：

谢谢李校长。接下来我们有请下一位对话的校长——陈月英。

陈月英校长：

少乙、李校长，全国的校长们，大家晚上好。今天晚上我想问的问题是，父母在和孩子相处的过程中可能会有呵斥、打骂孩子的过激行为。我想问少乙有没有类似这种呵斥之后，自己印象比较深刻的一件事情，过后自己怎么样解决的，可不可以给我们这些当妈妈的一个建议？作为妈妈，这种情绪有时候会比较过激。

李少乙：

对于这方面过激的行为，在我的家庭中是没有的。在我们家庭中，从小到大都没有出现过这种事情，开始干仗或者两者处于完全对立的关系。关于父母和孩子争议很大的情况，我想到近几年来的一些事情，也不能说爆发了很大的冲突，我当时爆发了很大的情绪，但是父母并没有爆发出很大的情绪。我们去年的时候，大概也是这段时间，我们在规划如何回美国的时候，因为那个时候刚回来，正好美国律师寄来一封信，让我们加急回美国，到了办绿卡的最后一步。当时李校长先得知的，那天我正睡眼蒙眬地躺在床上，不知道这件事情，他进来把我叫醒了，告诉我这件事情，那个时候我们刚回来大概两个星期，让我们立马回去。当时我听了之后非常生气，我经历了这么多，从美国那边赶回到中国，又是隔离又是坐飞机，而且现在还是一个特殊时期，让我们再回去一次，我当时很不愿意。我把所有的气都撒在了爸爸身上，导致那天新生代对话时完全成了我的主场，其他的新生代成员没有任何的话语权，我在那儿一直用情绪子弹攻击爸爸。我刚从美国回来，让我再回去，为什么要这么做？我用了很过激的词语，爆发了过激的情绪。因为那天人比较多，所以打架是没有的。至于我们是怎么解决的？那天我们在一个新生代对话的场合，有这种能量的波动是很正常的。而且我记得当时有很多嘉宾，有新生代的成员，有家长，大家都在听。

其实李校长对这件事情，他的情绪是没有太大波动的，他听到的就是我对他撒出去的气。如果是之前的李校长，他可能会选择和我硬碰硬，他是不会听的。但是经历了很多事情之后，他的这些情绪或者他的心智都已经提高了很多，他当时选择的是聆听。他听我说完这些事情，发泄完这些情绪后，才慢慢地开始说一些他的心里话。比如他当时讲，至于去不去美国，我们暂时还没有定，这件事情需要从长计议，这件事情其实他一开始不知道，如果我这样回去了，他也不希望我们这个家庭成员分开。在我们家即使有矛盾，也能调节得比较好。

陈月英校长：

谢谢少乙。孩子和自己一起生活，父母在累的时候或者情绪不好的时候，有时会责备和呵斥孩子。父母要不断地进修、晋升，提升自己的情绪共识能力和孩子沟通的能力。我没有打过我的孩子，但是我的爱人打过，就怕孩子会产生这样的后遗症，对他以后有影响，因此有这个顾虑。

刚刚在你说的过程中，感受比较大的就是，父母提升才是最重要的，如果有情绪，可以先作为聆听者，让孩子先说，之后再冷静、反思，情绪对情绪的时候就会有很大的碰撞，大家都会很不开心，这是一个感受。另外一个就是，如果真的发生比较大的冲突，父母应该对孩子怎样做会更好，能不能给一些建议？因为在我们普通的家庭中，大家其实是在学习的过程中，有时候控制不住情绪，会有类似过激行为。发生大的冲突之后，亲子关系比较难处理，父母应该做哪些方面的工作才能让孩子在这方面少受到这样的影响？

李少乙：

关于这一点，首先你们要原谅自己，毕竟这些过激的行为、言语也好，打骂也好，肯定都不是你们真正想做的、想表达的；而且这种行为肯定也不是你们天生就具备的。这种模式、这种行为，你们是从你们的父母那里学来的，可能你们的父母之前打过你们，你的爱人的父母打过他，遇到类似的事情之后，你们选择用这种过激或者不恰当的方式来解决。然而你们作为受害者，知道了这种方式后会学习，可能他当时是没有感觉的，但是他有这方面意识。所以他在和自己孩子相处的时候，遇到这种类似的事情时，就把这方面的意识显现出来。所以你爱人的爸爸妈妈在他小时候打过他与你爱人现在与你的孩子的这种相处方式应该是一样的，可能会有一些差异，但是当时的心情或者处理的办法绝对是一样的。所以父母首先要原谅自己，打孩子或者用言语攻击孩子都不是你们的错，你们内心肯定是希望孩子好，没有哪个家长喜欢打孩子。

我相信每个家长都爱孩子，所以家长要从根上原谅自己，而且也要原谅自己的父母，因为自己的父母也不是自己学来的，可能是父母的父母也这样对待他们。我们要注意的就是，我们要避免把这种行为传下去，一旦你们无意间把自己从你自己父母学来的模式传给了孩子，孩子以后学到了也会传给他自己的孩子，这种模式就会持续传下去，就会出现家庭气氛不好，或者这种冲突都来源于这种模式。至于怎样和孩子沟通，是很简单的。既然这种方式和方法不对，会伤害到孩子，父母就应该主动道歉，就像你在路边上随便扔了个香蕉皮，别人踩到滑倒了，你不能在那儿看着笑，那是不对的，你应该把他主动扶起来，给他道歉。所以父母应该先给孩子道歉，让孩子接纳自己，这点是很重要的，不要小看这一声对不起，它的能量是很大的。慢慢来，不着急，产生冲突是很正常的事情，也不是当时都能解决。我和父母产生冲突后，即使我知道父母不是这样的人，我也要用时间消化。在这段时间里，父母应该做出表率，向孩子道歉，孩子听了后内心肯定有感触，他可能也会找父母说他自己做得也不对，下次肯定会改。最后孩子的内心也会被感化。这是我给家长或孩子的小建议。

陈月英校长：

太棒了，少乙，谢谢你给的建议。通过不断学习，我们作为父母确实在进步当中，孩子也在进步当中，刚刚我的孩子也在听，我认为孩子都特别大度，也特别宽容。父母的道歉对他们来说其实挺有力量的。刚刚我问孩子，以前爸爸打过你，你会不会原谅爸爸？他说他会原谅，没关系，我的感触挺深的。你从孩子或父母这方面甚至这种模式上进行了透彻的分析，父母确实要反思自省，然后不断提升自我，这样我们这一辈能够把一些不好的种子或者模式终止掉。今天收获特别大，特别感谢少乙，谢谢。

刘学校长：

今天晚上这个话题特别好，我一直在听。我想起了我小时候被父母斥责和揍的场景。现在，我也为人父母了，我也斥责和揍过孩子。通过自己这一段学习，我的基本理念提升了很多，对孩子的态度发生了很大的转变。我小时候被我父母斥责，我好像和父亲之间几乎没有任何对话，父亲给我的印象就是威严、严厉，他在我面前时，我有时候想亲近，但又不敢、结果导致我形成了一种模式，特别恐惧权威。

在我的印象中，我爸的巴掌比山还大，小的时候我爸揍过我几次，那时我已经读初中。有一次回家理发，他借的推子太钝，扯我头发，我就龇牙咧嘴的，不舒服。我爸脾气很暴躁，就打了我一顿。那个时候我已经15岁，开始进入青春期了。当时在路上，我边走边哭，我内心就有个对话，等我长大了，有能力了，我得杀了你，当时我真是这么个想法。今天我为什么讲这个东西呢？我认为如果父母老是斥责孩子，不认可孩子，往往导致孩子特别没自信。我在办学的过程中，遇到特别大的挑战时，往往信心不足、患得患失。后来我一直反思为什么造成这种结果。这可能就来源于原生家庭和与父母的关系。当然后来通过各种学习，我和我父亲进行了化解，发现和解之后的力量感就回来了。特别是孩子和父亲这种关系，因为父亲代表着山，母亲代表着水，如果孩子和母亲的关系不好，孩子对爱的体验、感觉可能就缺乏。这是我作为孩子当时的体验。

当然，我有了孩子后，我的脾气也很暴躁，我发现我有时候很像我的父亲。我家老大小的时候，我经常斥责他，有时候烦了我也揍他，我记得有几次我揍得挺厉害的。但揍完了之后，我内心又特别后悔和愧疚。当时在那种状态之下，我直接失去理智了，没有任何的理智可言。因此，现在谈到这个话题时，我觉得少乙代表了青少年的心声，也给我很大的鼓舞和感动。我后来慢慢地觉得自己在和孩子对话的时候，也有改变。今天晚上我们在吃饭的时候，我和我家老大闲聊，他喜欢打篮球，就给我讲了科比、詹姆斯、洛杉矶湖人队。实际上，这方面我也没有感觉，但是我想他在意这个话题，我就得学，我得和他对话，我们爷俩对话就特别畅通，感觉特别舒服。我感悟到前段时间教授给我们讲课时说到一个现象，中国的父母和孩子之间往往没有对话，就是问话，甚至是斥责。问话还算好的，我们大部分家长是斥责孩子，导致孩子在青春期期间自我封闭，和父母进行对抗，产生了很多逆反心理。这是我这方面的一点感悟。我还有一个问题，我们老大学习成绩不太好，但是他特别喜欢打篮球。我有时候内心还是有些纠结，学习成绩在当下毕竟还是要看的，如果发展特长，还必须有成绩作为支撑，现在的选拔机制需要成绩，我内心有些矛盾，这是目前我困惑的地方。少乙，我不知道这个问题你能不能解答，但是我内心有时候不安或者困顿，拿不准，有时候也想让他自由发挥，但是成绩对他未来来说也是非常重要的一个方面。如果成绩不好，可能之后在人生的某个阶段，它会是考核和测量的工具，这是我当下困惑的问题。

李少乙：

听到这个问题，我就知道我们是老乡。山东人都热情好客，都是刀子嘴豆腐心，内心是想对他好，能够帮助他，但是嘴里就是说不出来。很多时候，我观察我父母也好，观察我老家那边家人也好，或者老家那边社会上的人也好，他们都是希望你好，很少成心为了训你，但是嘴上就是这样和你讲的，比较严厉。所以我感觉刘学校长在家里对自己的孩子肯定没少呵斥；而且我感觉呵斥的时候，内心都很软弱。你选择训斥，所以才会导致孩子现在学习成绩不好，孩子喜欢打篮球，觉得篮球比学习重要。有一点你做得非常好，你试图接近他，了解他喜欢的球星、湖人队，这一点做得很好。你慢慢地了解，而且试图少一点儿这种刀子嘴豆腐心，多一点儿豆腐嘴豆腐心，多表扬、少批评，把内心表达出来。你批评他的时候，你是对他好，但是他肯定不这么认为，他以为你在整他。

但是你内心是好的，他不理解怎么办？产生矛盾，怎么解决？那只能是家长开始改变。家长要以身作则，你想让孩子改变，你不改变，你觉得可能吗？所以以后和孩子在一起时，多一点儿的表扬，多一点儿的赞美，多认可他，把自己内心表达出来，你想让他好，你就对他好，你想让他好，你就让他开心，每天快快乐乐的。

我给的建议就这么多，遵守这些原则。你想让他好，你就做出对他好的行动；你想让他好好学习，你自己就好好学习，给他做个榜样；你想多和他交流，你要了解篮球，和他一起打篮球，他肯定高兴。慢慢地他觉得你是个好爸爸，以后他就找你。你要和他一起做喜欢做的事情，比如你喜欢摄影，他也会学拍照，建立良好的父子关系。还是归根结底那番话，家长一定要以身作则，自己先立一个好榜样，然后再要求孩子，孩子自己也会改变。你想让别人提升，自己先在提升的状态中。我就讲这么多。

刘学校长：

少乙分析得特别好，可能山东的男人有点大男子主义，所以这种权威意识更强，这可能和山东的文化有关系。我有时候不愿意放下身段，有时候端着架子，可能这个还是非常重要的。你今天晚上分析得非常到位，非常好。

刘金凤校长：

今天时间差不多了，请对完话的校长做一下总结，然后少乙再总结。下面我们现在邀请张入鉴校长做一下总结。

张入鉴校长：

今天我听完了以后，我有两点感触。第一，针对不同的家庭背景、家庭情况提出的问题，少乙从孩子的角度对不同问题进行了不同的回应、不同的思考，大家能够看到一个16岁少年的成熟、客观和深邃的思想。第二，从一家长的角度，我看到的是这些家庭有一些共性的问题，同时每个家庭也有自己独有的问题。这种对话方式，每一次的对话，大家都会有一次蜕变和成长。无论对我们成人也好，还是对于少乙这样的少年也好，我个人觉得是非常好的。我的分享到这里，谢谢大家。

刘金凤校长：

刘学校长总结一下吧。

刘学校长：

我再说两句，今天晚上的对话也给我不少启发。我们作为家长的往往把孩子当成我们的附属品，我生了他，我养了他，他要听我的，出现了对孩子的控制。但是每一个孩子都是独立的人，都有个性。如果我们不控制孩子，学会给孩子陪伴、支持，这种关系是不是更加融洽？父母可能有各种担心和顾虑，然后控制孩子，由此产生了很多矛盾以及冲突；当我们放下这种控制，学会给孩子陪伴、成长、支持的时候，我想这种关系会更融洽。这是我今天晚上的收获。

李少乙：

今天是第八期对话，大家已经很有经验了，每位校长的对话能力也好，对话的方法也好，都有很大的提升。今天问的问题都非常客观，感觉很独特。我也以最客观的态度给予了回答，问题也给了我很大的启发。再次感谢我们今天在场的所有嘉宾和在场的所有老师。

刘金凤校长：

谢谢少乙，李校长还有需要补充的吗？

李绵军校长：

非常好，感谢大家。大家已经听了八次对话，今天的对话是关于父母和孩子呵斥的。我建议大家加强家庭的对话，一次家庭对话的能量是非常强的，修复能力是很惊人的，大家一定要重视家庭的对话。我记得少乙六七岁的时候，有位保姆在我们家工作了 10 年，后来因为她女儿生孩子，她要回去看她的外孙，就不得不回去了。这个保姆在我们家工作的过程中有时候想辞职，在我们全家讨论的时候，我印象很深的是，当谈到保姆事情的时候，孩子们都有自己的观点。我们吃饭的时候一起讨论，少乙发表了观点，少元也发表观点。我看孩子对这事情都能参与讨论，而且孩子都谈出了他们自己不同的观点，当时对我是很有启发的。

孩子们参与过好几次讨论意见，有时候是保姆的一件事情，或者保姆的一个特点，或者我们对她有看法或者没看法，工作得怎么样，大家对她有个评价，实际上这也是家庭对话。像这种情况，一家人在讨论一件事情时，也训练了孩子的思维。大家不要小看孩子，家庭里的事可以让孩子进行讨论。

少乙前面说到他们要回美国时发生了不开心的事。那一场对话我们大约进行了两三个小时，是全家的对话，当时也有很多新生代成员在听。在对话完了后，少乙的气完全消了，全家的力量就聚在一起了，所以家庭对话很重要。还有一点，如果我们对孩子有过过失、训斥过孩子，要勇于向孩子道歉，真的要尊重孩子，这一点也特别重要。

刘金凤校长：

谢谢李校长，谢谢少乙，也谢谢各位校长，期待我们下期的对话，祝大家晚安。